Discursos ante el Senado
Soy un escritor elegido senador por los obreros

RICARDO ELIECER NEFTALÍ REYES BASOALTO, PABLO NERUDA, nació el 12 de julio de 1904 y murió en Santiago de Chile el 23 de septiembre de 1973. Conocido escritor y poeta, reconocido como uno de los exponentes más descollantes del género en América Latina y el mundo, a quien le fuera adjudicado el Premio Nobel de Literatura en el año de 1971, tuvo también una labor política extraordinaria en defensa de los excluidos y desposeídos de Chile. Vinculado al trabajo del Partido Comunista de ese país a raíz de las experiencias vividas durante los momentos más duros de la Guerra Civil Española, se postuló y fue elegido senador el 13 de mayo de 1945. Meses después, el 15 de julio ingresaría oficialmente a las filas de esa organización.

Desde su tribuna parlamentaria desarrollaría una intensa lucha política de denuncia de las condiciones de explotación y exclusión en que vivían grandes sectores de la población, desde los obreros del salitre y el carbón hasta las mujeres y los emigrantes; y siempre sin perder la perspectiva latinoamericanista que lo acompañaría en sus reflexiones.

Como resultado y expresión de la política hemisférica que comienza a desarrollarse en el continente en el marco de la Guerra Fría, marcada por la fuerte ola represiva anticomunista, en poco tiempo el Partido Comunista chileno entraría en profundas e irreconciliables contradicciones con el entonces presidente Gabriel González Videla, que conllevarían a la ruptura definitiva en octubre de 1947. En el contexto de esta confrontación, en febrero de 1948 la Corte Suprema aprueba su desafuero como senador y el escritor se ve obligado a pasar a la clandestinidad, situación en la que se mantuvo hasta febrero del año siguiente, cuando logra salir del país, al que no regresaría hasta 1952, luego de años de exilio.

Discursos ante el Senado
Soy un escritor elegido senador por los obreros

Pablo Neruda

una editorial latinoamericana

ISBN: 978-1-921700-53-8
Library of Congress Control Number: 2012932916

Primera edición 2012
Impreso en México por Quad/Graphics Querétaro, S.A. de C.V.

PUBLICADO POR OCEAN SUR
OCEAN SUR ES UN PROYECTO DE OCEAN PRESS

México: Orión 145-PB, Prado Churubusco Coyoacán, 04200, México D.F.
     E-mail: mexico@oceansur.com ▪ Tel: 52 (55) 5421 4165
EE.UU.: E-mail: info@oceansur.com
Cuba: E-mail: lahabana@oceansur.com
El Salvador: E-mail: elsalvador@oceansur.com
Venezuela: E-mail: venezuela@oceansur.com

DISTRIBUIDORES DE OCEAN SUR
Argentina: Distal Libros ▪ Tel: (54-11) 5235-1555 ▪ E-mail: info@distalnet.com
Australia: Ocean Press ▪ E-mail: info@oceanbooks.com.au
Bolivia: Ocean Sur Bolivia ▪ E-mail: bolivia@oceansur.com
Canadá: Publisher Group Canada ▪ Tel: 1-800-663-5714 ▪ E-mail: customerservice@raincoast.com
Chile: Editorial La Vida es Hoy ▪ Tel: 2221612 ▪ E-mail: lavidaeshoy.chile@gmail.com
Colombia: Ediciones Izquierda Viva ▪ Tel/Fax: 2855586 ▪ E-mail: edicionesizquierdavivacol@gmail.com
Cuba: Ocean Sur ▪ E-mail: lahabana@oceansur.com
EE.UU.: CBSD ▪ Tel: 1-800-283-3572 ▪ www.cbsd.com
El Salvador y Guatemala: Editorial Morazán ▪ E-mail: editorialmorazan@hotmail.com ▪ Tel: 2235-7897
España: Traficantes de Sueños ▪ E-mail: distribuidora@traficantes.net
Gran Bretaña y Europa: Turnaround Publisher Services ▪ E-mail: orders@turnaround-uk.com
México: Ocean Sur ▪ Tel: 52 (55) 5421 4165 ▪ E-mail: mexico@oceansur.com
Paraguay: Editorial Arandura ▪ E-mail: arandura@hotmail.com
Puerto Rico: Libros El Navegante ▪ Tel: 7873427468 ▪ E-mail: libnavegante@yahoo.com
Uruguay: Orbe Libros ▪ E-mail: orbelibr@adinet.com.uy
Venezuela: Ocean Sur Venezuela ▪ E-mail: venezuela@oceansur.com

ocean
sur

www.oceansur.com
www.oceanbooks.com.au
www.facebook.com/OceanSur

Índice

Nota editorial

Norte, llego por fin a tu bravío / silencio mineral de ayer y hoy, / vengo a buscar tu voz y a conocer lo mío / y no te traigo un corazón vacío: / te traigo todo lo que soy... A través de este «Saludo al Norte», *sui géneris* poema convertido en discurso electoral por su genio poético y enorme sensibilidad social, Pablo Neruda hace explícito su toma de partido por los excluidos de la tierra, y en particular por los obreros del salitre y el carbón de las agrestes regiones chilenas. Desde mayo de 1947 y hasta finales de enero de 1948 el poeta convirtió su estrado senatorial en frente de lucha política contra la injusticia y la exclusión y abogó porque prevaleciera una perspectiva latinoamericanista en la proyección internacional de Chile.

Rescatados del olvido y presentados ahora gracias a la labor conjunta de las editoriales Ocean Sur y La Vida es Hoy, los discursos parlamentarios de Neruda constituyen una expresión de la imbricación profunda del escritor-político, del poeta-senador. Esta nueva iniciativa que reúne los discursos más representativos de su labor parlamentaria está guiada por el propósito de rescatar la memoria histórica en torno a esa importante faceta, desconocida para la mayor parte de los lectores que buscan y transitan por su obra poética. En aras de de mantener la continuidad discursiva del orador, se han omitido algunas de las intervenciones de otros senadores, que no aportan información a la exposición de Neruda; asimismo, se han elaborado algunas notas que contribuyen a contextualizar su labor durante el tiempo en que se desempeñó como senador.

Sirva este pequeño volumen de homenaje a quien, como recordara el pintor Pablo Picasso «Ha tomado siempre el partido de los hombres desgraciados, de los que piden justicia y combaten por ella».

Los editores

Prólogo

Guillermo Teillier
Diputado de la República
Presidente del Partido Comunista de Chile

El año del Centenario del Partido Comunista de Chile es un momento propicio para reeditar los discursos de Pablo Neruda en el Senado de la República, recopilados con tanta precisión por Leónidas Aguirre Silva, y que presentan ahora las editoriales Ocean Sur y La Vida es Hoy; justo cuando aún se siente el clamor de estudiantes, profesores y del pueblo en general, de una lucha que no termina, por un sistema de educación pública gratuita y de calidad como un derecho constitucional garantizado por el Estado, al contrario de un sistema que privilegia el mercado y el lucro en la educación y en todo orden de cosas.

La movilización social durante más de siete meses, de millones, especialmente de jóvenes, puso a la institucionalidad política de cabeza y hoy hace que los detentores del sistema, recién después de veinte años de la caída de la dictadura de Pinochet, empiecen a hablar de reformas políticas, electorales y tributarias.

Se rompió aquello que Neruda manifestara en sus memorias.

> Hasta el Senado llegaban difícilmente las amarguras que yo y mis compañeros representábamos. Aquella cómoda sala parlamentaria estaba acolchada para que no repercutiera en ella el vocerío de las multitudes descontentas. Mis colegas del bando contrario eran expertos académicos en el arte de las grandes

alocuciones patrióticas y bajo todo ese tapiz de seda falsa que desplegaban, me sentía ahogado.[1]

No es que el Parlamento haya cambiado, pero hoy día los voceríos de las multitudes sí han llegado, con fuerza, no solo al Parlamento. Está por verse si la unidad del movimiento social logra romper definitivamente los candados institucionales que dejó establecidos la dictadura, los *quorum* parlamentarios y las normas constitucionales que impiden las reformas políticas necesarias para que el pueblo realmente pueda ser soberano de su propio destino.

Nuevos liderazgos jóvenes se suman a la lucha, muchos de ellos toman las banderas que Pablo Neruda hizo suyas [cuando ingresa al Partido Comunista] a pocos meses de haber sido electo senador por las provincias de Tarapacá y Antofagasta en el año 1945.

Leer los discursos de Neruda en el Senado es como poner ante sí los acontecimientos sociales más relevantes de ese período de nuestra historia. Su férrea defensa de los derechos de los trabajadores, la denuncia directa de los abusos de la oligarquía criolla de entonces y de la intromisión imperialista, no solo en la economía, sino sobre todo en la política, lo hacían un adversario formidable de Gabriel González Videla, el traidor, para quien trabajó durante su campaña presidencial y que fue electo con el esfuerzo y los votos de los comunistas y los trabajadores.

Neruda fue un gran internacionalista, un luchador empedernido contra el fascismo en España y el nazismo alemán que brutalmente sometía a las naciones de Europa, asesinaba a los mejores representantes de sus pueblos e instaló el holocausto como la solución final; que con especial saña y odio pretendió destruir al pueblo soviético, que a la postre fue el baluarte de la derrota del nazismo.

---

[1] Pablo Neruda: *Confieso que he vivido*, Plaza & Janés S.A., Barcelona, 1994, p. 227.

De especial clarividencia resultó su denuncia sobre las andanzas de la CIA en Centroamérica y de los abusos de las empresas norteamericanas. En 1954 la CIA, con el beneplácito del gobierno norteamericano intervino en Guatemala, para derrocar al presidente Jacobo Árbenz, elegido por el pueblo, pero acusado de comunista por la nacionalización de tierras usurpadas por la United Fruit Company, vinculada por fuertes intereses a Allan Dulles, en ese entonces el jefe de la CIA.

La historia posterior es conocida, la receta de la intervención directa o el golpe de Estado ha afectado a casi todos los países latinoamericanos, la última versión fue en Honduras, pero casi lo lograron en Venezuela y Ecuador. Por ello es que brilla tan fuertemente en América la victoria de Playa Girón, donde los agresores imperialistas sufrieron una derrota de trascendencia simbólica para nuestros pueblos. La no injerencia e intervención, la autodeterminación y la defensa de la paz, son legados del Premio Nobel de Literatura; junto a ello, la solidaridad con los pueblos que luchan por su liberación forma parte, ayer y hoy, de nuestro deber revolucionario.

En ese entonces el Partido Comunista había logrado una gran presencia entre los trabajadores mineros en el norte del país y en los del carbón en las provincias de Arauco, Lota y Coronel, que luchaban por mejores condiciones salariales y de trabajo. Por recomendaciones de los Estados Unidos, que ya preconizaba la política confrontacionista de la Guerra Fría y que advertían de una supuesta gran rebelión comunista en Chile utilizada luego como pretexto, González Videla, en octubre de 1947, realiza una gran represión contra los mineros de Lota y sus familiares, quienes son recluidos en recintos militares y en el campo de concentración de Pisagua. La traición a quienes lo habían elegido presidente estaba en marcha.

El 6 de enero de 1948 Pablo Neruda interviene en el Senado con su célebre discurso «Yo Acuso» donde nombra a todos los recluidos en las cárceles y en el campo de concentración de Pisagua.

Desde ese momento pasa a la clandestinidad, hasta que un año después sale ilegalmente del país. Fue desaforado por la Corte Suprema y perseguido implacablemente. Simultáneamente, el Partido Comunista es ilegalizado al aplicársele la Ley de Defensa Permanente de la Democracia, llamada también Ley Maldita. Como consecuencia, todos sus militantes son borrados de los registros electorales, muchos apresados, «fondeados», relegados o sometidos a la prisión y la tortura.

Cabe reflexionar que siempre el imperialismo busca un argumento parecido para reprimir a los pueblos, porque las represiones a nuestros partidos son, al fin y al cabo, represiones a los pueblos que luchan. Durante sus cien años de existencia, nuestro partido ha estado casi treinta y cinco «fuera de la ley». Neruda vivió lo justo para ser testigo de la más terrible represión, iniciada por Pinochet en 1973. Su muerte está bajo sospecha, pudo ser asesinado, la justicia quizá nunca dé un veredicto claro, lo que sí sabemos es que su poesía estuvo proscrita desde 1973 hasta 1990 en Chile.

Hoy no solo reivindicamos su nombre como poeta, escritor y político; junto a él también el de todos aquellos y aquellas que dieron su vida por la misma causa que él abrazó con tanta pasión.

El lector sabrá encontrar, en cada frase de nuestro Pablo, el clamor de un pueblo que continúa en la lucha por la justicia social.

Febrero de 2012

1

Primer discurso de Neruda.
Actualidad política

Miércoles 30 de mayo de 1945

Honorable Senado de la República:

Llego a colaborar en las tareas comunes que la Constitución Política nos ha asignado en circunstancias tan extraordinarias para el interés de nuestra patria, que las exigencias ideológicas, morales y legales, cuya presión sentimos todos, o casi todos, son, en mi caso personal, mucho mayores.[1]

Este Congreso Nacional se ve entristecido con la mancha que sobre nuestra actividad futura arroja el desventurado y reciente fallo del Tribunal Calificador de Elecciones. Digo sobre toda nuestra futura actividad, porque aun aquellos que no hemos sido excluidos ni postergados por tan injustas decisiones, sentimos en la bene-

---

[1] En sus memorias recordaría Neruda este momento esencial y el impacto que provocó en su vida: «Esta gente sin escuela y sin zapatos me eligió senador de la República el 4 de marzo de 1945. Llevará siempre con orgullo el hecho de que votaron por mí millares de chilenos de la región más dura de Chile, región de la gran minería, cobre y salitre. [...] Subir del desierto hacia la codillera, entrar en cada casa pobre, conocer las inhumanas faenas, y sentirse depositario de las esperanzas del hombre aislado y sumergido, no es una responsabilidad cualquiera. Sin embargo, mi poesía abrió el camino de comunicación y pude andar y circular y ser recibido como un hermano imperecedero, por mis compatriotas de vida dura [...]».
Pablo Neruda: *Confieso que he vivido*, Plaza & Janés S.A., Barcelona, 1994, pp. 220-221.

volencia de ese tribunal también una injusticia, ya que por razones igualmente antojadizas pudo habérsenos negado, discutido y arrancado el mandato a cualquiera de los senadores presentes. Esta ignominiosa violencia impuesta a la voluntad popular hizo que el joven y brillante exparlamentario Manuel Garretón llamara, desde la Cámara, en su último discurso, a esa anteriormente respetable entidad, «tribunal de prevaricadores». Con este nombre, autorizado por la opinión nacional y por hombres reconocidamente dignos que pertenecen a todos los sectores políticos de nuestro país, pasará a la historia parlamentaria un grupo de hombres que han lesionado gravemente la tradición de limpieza jurídica de nuestro país.

Hay aquí representantes de numerosos sectores del capital, del trabajo y de las profesiones liberales. Yo represento, como escritor, una actividad que pocas veces llega a influir en las decisiones legislativas.

En efecto, los escritores, cuyas estatuas sirven después de su muerte para tan excelentes discursos de inauguración y para tan alegres romerías, han vivido y viven vidas difíciles y oscuras, a pesar de esclarecidas condiciones y brillantes facultades, por el solo hecho de su oposición desorganizada al injusto desorden del capitalismo. Salvo brillantes y maravillosos ejemplos que en Chile nos legaron Baldomero Lillo y Carlos Pezoa Véliz, al identificar su obra con los dolores y las aspiraciones de su pueblo, no tuvieron, en general, sino una actitud de resignada miseria o de indisciplinada rebeldía.

Si buscamos entre los que trabajaron la aureola de la patria, en poesía, como Pedro Antonio González, o en piedra dura, como Nicanor Plaza, o en pintura inmortal, como Juan Francisco González, veremos junto a sus vidas sórdidas el esplendor en que vivió y en que quiere perpetuarse egoístamente la parte privilegiada de la sociedad chilena, adornada y decorada por la prosperidad salitrera, levantada en nuestra solitaria zona norte por los ilustres y heroicos obreros de la pampa.

Son esos obreros los que me han enviado a esta sala. Son esos compatriotas desconocidos, olvidados, endurecidos por el sufrimiento, mal alimentados y mal vestidos, varias veces ametrallados, los que me otorgaron esto que es para mí el verdadero Premio Nacional.

Tal vez muchos creyeron inusitada mi designación como senador por los trabajadores del salitre, del cobre, del oro y de las ciudades litorales del Norte Grande de nuestra patria, pero, al dejar expresado mi legítimo orgullo por tal designación, rindo tributo a nuestro pueblo, porque al acoger mi nombre de poeta como representante suyo con grave disciplina y generoso entusiasmo, me une a Elías Lafertte y a tantos otros que representan en el Senado y en la Cámara, más directamente que yo, las fuerzas espirituales, la inquebrantable tradición moral y el futuro de las aspiraciones de las clases trabajadoras.

Esta responsabilidad de escritor señalado para representar las aspiraciones y los derechos materiales y culturales del pueblo me hace ver más claramente el atraso en que se le ha mantenido. Este atraso es una afrenta para nuestros gobernantes desde la iniciación de nuestra independencia y para todos los chilenos desde que Chile alcanzó la madurez política que lo distingue entre todas las naciones americanas; para los gobernantes, por no haber cambiado en forma definitiva las condiciones inicuas que existen hasta hoy y para todos los chilenos por no luchar con la fuerza necesaria que pudo haberlas cambiado.

Desde hace tiempo y aun durante el gobierno originado por el Frente Popular, se enviaban a los mayores conglomerados del trabajo chileno comisiones escogidas entre los elementos más reaccionarios que se encontraban a mano, quienes, después de ser atendidas exquisitamente por las grandes compañías de nuestras zonas mineras y salitreras, regresaban a contar un cuento de hadas, cuento en que los mineros vivían en hermosos castillitos de color de rosa, de donde eran distraídos y extraviados por las actividades de un lobo feroz llamado «agitador». Estos informes eran luego largamente celebrados por esos diarios tan «imparciales», tan «ilustrados» y tan «chilenos», que todos conocéis. Los informes eran floridos, pero las condiciones han continuado siendo tan trágicas como antaño.

He dado la vuelta al mundo, pero ni en la India, milenariamente miserable, he visto el horror de las viviendas de Puchoco Rojas en Coronel, ni he conocido algo más deprimente que las vidas de nuestros compatriotas que trabajan en algunos establecimientos del desolado norte. Las habitaciones de los obreros del carbón en Coronal, alzadas con infinidad de desperdicios sacados del basural, zunchos y latas, cartones y guijarros, abiertas al húmedo y glacial invierno, en donde hasta catorce personas viven amontonadas y donde se conoce la «cama caliente», porque es ocupada por los sucesivos turnos de mineros, sin que pueda enfriarse durante todo el año; los «buques» del norte, casuchas para solteros con cuatro camastros de madera, sin colchón, en tres metros cuadrados, sin aire, sin luz en la noche, porque las compañías no conceden la corriente eléctrica, a veces aun en sitios donde las instalaciones están hechas; la falta de agua; la falta de leche siquiera enlatada; la escasa alimentación transportada por nuestros barcos nacionales que, sin embargo, van cargados de vino hasta el tope; el polvo que cae sin cesar sobre la población de «María Elena», y que es absorbido día y noche, por toda la vida, por los hombres, las mujeres y los niños, todo esto y otras muchas cosas me han dejado un infinito sabor amargo en la conciencia. Hace dos meses los obreros marítimos de Antofagasta me llamaron a contemplar la faena y el descanso de ese gran puerto. Me tocó verlos almorzar. Debían comer con las manos, recostados sobre los muelles, en tarros de conservas encontrados por allí. Los baños y los servicios higiénicos producían horror. Los obreros marítimos me dijeron: «Nos avergüenza ser vistos por los tripulantes de barcos extranjeros, comer en esta forma, como si Chile estuviera poblado de salvajes». Estos obreros tienen, pues, conciencia del decoro nacional. En nombre de ese decoro, que es una forma del patriotismo, vengo a pedir la solidaridad de todos los patriotas del Senado para que estas vergüenzas no puedan perpetuarse.

El eminente senador doctor Cruz Coke, desde esta misma alta tribuna, nos ha llamado la atención sobre la alarmante disminución de estatura de nuestro pueblo. Es fácil y doloroso comprobar esta aserción de un hombre que tanto ha defendido la salud de los hijos de Chile. Por otra parte, el actual ministro del Trabajo, en documento publicado con fecha 30 de enero de 1945, nos dice: «hay fundos en los cuales se paga a los inquilinos $2,50 diarios» y agrega, transcribiendo el informe del secretario social de ese departamento: «que por esas causas se produce un verdadero movimiento emigratorio desde el campo hacia la ciudad». Es la autoridad ministerial la que lo afirma y estas tristes verdades se completan y persiguen. Son causa y efecto: bajísimo estándar de vida, miseria fisiológica a que ha sido condenado nuestro pueblo por más de cien años y que puede llegar a aniquilarlo.

Estas condiciones no han sido creadas por una mentalidad perversa, sino por la supervivencia feudal de ciertas instituciones y por una enconada separación, también feudal, entre las clases. Una lucha de clases dura y aplastante ha sido propagada desde arriba con tal fuerza y tal ceguedad que los transitorios triunfos de la clase dominante han logrado dividir al país, hasta racialmente.

Mientras tanto al pueblo, al supuesto siervo, se le consideró con escarnio, se le nombró por sus harapos, por el traje que le dejaron. Y el nombre de ese pueblo pasó a ser sinónimo de vergüenza oscura o de fúnebre humorismo. Nadie quiso llamarse *roto*. Y, para que cayera como al último estercolero esa palabra de desprecio, no faltó en estos tiempos la tolerancia de nuestras autoridades para que un pasquín miserable, dirigido por un traidor, lleve este sobrenombre del pueblo chileno como título, con el designio de deshonrarlo definitivamente.

A esta altura de mi vida y en mi primera intervención ante este honorable Senado, mi conciencia de chileno me impone el deber de preguntarme y preguntar si semejante situación de injusticia puede continuar, si deseáis o no que todos los habitantes de nuestra nación, sin exclusión alguna, disfruten de todas las ventajas, beneficios y privilegios de nuestras tierras y de nuestras riquezas.

¿Es que no constituimos una sola familia humana de colaboradores en una sola empresa que se llama la patria?

Y si esta empresa existe realmente, de tal manera que la tocamos todos los días, de manera más áspera o delicada, según nuestras vocaciones diferentes, ¿por qué no remediamos los males comunes y no enfrentamos en comunidad los comunes problemas?

Porque es un error creer que un interés particular o de clase pueda nutrirse a sí mismo, independientemente de otros intereses particulares o de clase. Todos están ligados de tal manera que solo falta poner justicia entre ellos para que la nación entera florezca en prosperidad y grandeza.

Pero no todos comprenden ni quieren comprender. Algo se opone a los caminos patrióticos que una inmensa mayoría quiere sentir.

En efecto, en estos últimos tiempos asistimos a una campaña profunda de desquiciamiento, de desconocimiento y de desprecio hacia nuestro pueblo. Mientras algunos tratan de enaltecer la patria en su raigambre más esencial, es decir, en el pueblo, vemos que otros, predicando desde un periodismo anacrónico, nos quieren hacer creer que en este país no hay esperanza, que los hombres, y en especial la clase obrera, son viciosos y perezosos y que no tenemos nada que conservar, ni siquiera la especie. Así se prepara desde adentro el debilitamiento interior que trajo a los nazis sus rápidos y sangrientos y, por suerte, pasajeros triunfos.

Desde diarios cuyo papel fabrican los obreros de Puente Alto, estos destructores de la fe civil, encerrados en confortables habitaciones, que quisiéramos multiplicar hasta que resguardaran a todos los chilenos, y que fueron construidas con cemento extraído con el duro trabajo de los obreros de El Melón, rodeados por artefactos fabricados o instalados por manos chilenas, después de beber el vino que desde los viñedos llevaron hasta la copa de cristal hecha por los obreros del sindicato Yungay, innumerables y anónimos trabajadores de nuestra propia estirpe, que también tejen la tela de nuestra ropa, manejan nuestros trenes, mueven nuestros navíos, conquistan el carbón, el salitre, los metales, riegan y cosechan, hasta darnos después de duro trabajo nocturno el pan de cada día, desde esos diarios cuyas linotipias han sido recién movidas por nuestros obreros, se denigra constantemente a este corazón activo y gigantesco de nuestra patria, que reparte la vida hacia todos sus miembros.

De esta manera atrabiliaria e irresponsable se están transgrediendo las leyes políticas no escritas, se pretende llevar un sentimiento de indignidad nacional a todos los sectores, que transportado de boca en boca está provocando un derrotismo venenoso que salpica la fe y la fuerza de nuestro país. Una campaña de odio y de agitación implacable es provocada por los sectores retrógrados, egoístas y codiciosos, por los estertores del fascismo agonizante. Si leemos cada día ciertos periódicos que se dicen portavoces del amor, del patriotismo y de la noble ideología cristiana, corremos el peligro de envenenarnos inconscientemente, porque destilan el odio más reconcentrado y deliberado, como antiguos reptiles de otras edades geológicas que hubieran, por milagro, subsistido, acumulando retraso, rencor y veneno por edades incalculables.

Ese sector minúsculo y privilegiado que predica odio, aislamiento y egoísmo trata de presionar a todos los ciudadanos y ejerce una presión particular sobre el escritor. Nadie dice al médico que se aparte de la enfermedad y de la miseria y, por el contrario, se le estimula para que busque soluciones sociales que ampliando el campo de la medicina ataquen las raíces de la enfermedad en el sitio en que ésta fermenta al amparo de la negligencia y la desnutrición.

Pero al escritor se le dice desde antaño: «No te preocupes de tu pueblo», «No bajes de la luna», «Tu reino tampoco es de este mundo».

De esta manera se pretende establecer la idea de que el conocimiento y dirección de Chile y de nuestro pueblo compete solo a un grupo y no a todos los chilenos; de que deben excluirse de esta tarea individuos y sectores, en vez de ser todos llamados perentoriamente a cumplir los más altos deberes y obligaciones en recíproca y leal colaboración.

¿Vamos a seguir tan separados? ¿Debemos combatirnos, asediarnos y extirparnos para que seamos aún menos y menores, para que entre la cordillera nevada y el océano turbulento que nos constriñen a la unión de todos solo sobreviva una generación parcial que dio privilegios a algunos y aniquiló a los otros? ¿Debemos perpetuar las luchas hasta que ellas constituyan el único pan de nuestro pueblo? ¿Debemos ahondar una división que existe materialmente en nuestra patria, en forma ya desgarradora, contribuyendo aún más a agravar la larga cadena de hechos desgraciados que mantuvieron a nuestro pueblo solo con sus harapos?

Creo que ningún representante de este cuerpo formula ni ambiciona propósito semejante.

Creemos en nuestra patria, tenemos fe en sus instituciones, en su historia y en su pueblo. Pero no creemos que este conjunto de hechos y de seres, de pasado y de presente se transforme en entidades inmutables. Por el contrario, creemos en la transformación y el progreso de cuanto nos rodea, puesto que ni aun el poder bestial de los nazis logró paralizar ni detener el adelanto humano, ese poder que parecía invencible y que ha caído bajo la fuerza de la unidad universal y bajo el impulso formidable de todos los pueblos de la tierra, de los soldados y de los obreros de todo el mundo libre.

He sido durante estos últimos años testigo de tantos dramas en el mundo que no quiero ver uno más en nuestra propia patria, precisamente cuando el triunfo de los pueblos se está uniendo en Europa al triunfo de las armas y cuando los enemigos de la humanidad caen bajo la justicia de ambos.

Por eso me interesó la serenidad del Mensaje de Su Excelencia [S.E.] el presidente de la República y el optimismo que caracteriza las palabras que de él oímos en el Congreso Pleno. No podrán dejar de tener eco en el Senado sus palabras cuando nos habla del progreso industrial y agrícola de Chile, en la parte que diríamos activa creadora de su Mensaje, cuando señala en él que, gracias a los esfuerzos de empresarios y trabajadores del carbón, se ha aumentado nuestra producción de ese mineral. El presidente quiere poner término a odiosos prejuicios e inaugurar, también, innumerables posibilidades. Estoy seguro de que las líneas que consagra a una futura electrificación, planificada vastamente, a la explotación más amplia, racional y provechosa de nuestras riquezas madereras y pesqueras, a la mecanización agrícola que nos promete, a la ayuda a la minería mediana y menor, no podrán encontrar en el Congreso sino una colaboración unificada, democrática y progresista para bien del pueblo y de la nación.

Quiero alabar también en el Mensaje de S.E. las breves pero determinadas palabras que formula cuando expresa que solo una irregularidad mantenía separada, oficialmente, a nuestra patria de la gran potencia promotora y dirigente de la paz mundial. Ya se han vertido en este recinto, por boca del senador Contreras Labarca, los sentimientos e ideas que sintetizan el pensamiento de la mayoría democrática de nuestra patria. Por otra parte, las detracciones que con fútil persistencia han derramado los enemigos del progreso humano sobre aquel gran país, tocan a su término, porque van siendo superadas por la verdad la necesidad con que esperamos la contribución efectiva que la Unión Soviética está dando al mundo del futuro, después de haber aniquilado la parte más formidable del enemigo común de la humanidad.

Si bien estas discusiones han sido a mi entender sobrepasadas por los acontecimientos y a pesar de la lentitud que se advierte en la designación de nuestra misión en Moscú, he querido aprovechar esta ocasión para rendir mi tributo de escritor chileno a esa gran nación en que se han realizado los más grandes esfuerzos de la historia por la extensión y penetración de la cultura, para que esta no sea, como entre nosotros, un privilegio alcanzado difícilmente por el pueblo. Acabo de leer en las estadísticas oficiales un dato que rebasa mi corazón de escritor como un manantial de alegría invencible. El dato es el siguiente: «Durante la guerra se han publicado en la Unión Soviética mil millones de volúmenes, que comprenden 57 000 títulos en 100 idiomas distintos».

Honorables senadores, mientras los soldados del odio avanzaban al corazón de Rusia, mientras los nazis organizaban el asesinato científico que conocéis todos vosotros por los incontestables documentos cinematográficos que se han exhibido en Santiago, mientras era bombardeada Leningrado y diezmados y esparcidos los hombres de las diversas razas de esa gran nación y mientras se organizaba la disciplinada fuerza del Ejército Rojo, aquel país tenía fuerzas espirituales y materiales para imprimir, señores, mil millones de libros. ¡Es un milagro!

Al destacar este milagro moderno que nos trae ese inesperado sabor de las profecías, porque da dimensiones limitadas a las posibilidades culturales de la humanidad entera y, por lo tanto, de nuestro propio país, yo me pregunto, honorables senadores, apelando a vuestra conciencia personal, que os ha dado en gran parte el derecho de sentaros en este alto consejo, ¿no es hora de terminar con la calumnia antisoviética que pretende, desde ciertos órganos de prensa, conducir al fracaso de las relaciones diplomáticas con la Unión Soviética, cuyo establecimiento dejará el nombre del señor Ríos grabado en la memoria de nuestro pueblo? En efecto, su acción única entre los mandatarios modernos de nuestra patria se sobrepuso a una ley de retraso que caracterizó, por desgracia, la política exterior de nuestra cancillería, la misma que nos dio hace algunos años, en la Liga de las Naciones, la inolvidable afrenta nacional de que fuera el delegado de Chile quien propusiera la expulsión de la legal e inmortal República Española del Consejo de la Liga.

Por este mismo honroso cambio de política exterior, señalo con inquietud un punto de su Mensaje, en que el tono de S.E. baja hasta convertirse en un susurro. Mi deber me indica recoger no solo las altas y hermosas palabras del Mensaje, que muestran tan firme voluntad en los senderos de nuestro progreso y de nuestra democracia; me obliga también a no pasar por alto un hecho grave que puede tener infortunadas y próximas consecuencias para nuestro país y que revela hasta qué punto nuestra cancillería no logra desprenderse aún de la antigua tradición de complicidad y de apaciguamiento con las fuerzas destructoras de la paz del mundo.

Me refiero al problema argentino y a la iniciativa chilena de invitar a un gobierno, de facto, de ideología fascista, a participar en la Conferencia de San Francisco como quinta columna para envenenar la paz americana.

Una ofensiva especial de apaciguamiento en favor del régimen de Argentina y de las tentativas de supervivencia del fascismo en nuestra América fue encabezada por los enemigos norteamericanos de [Franklin Delano] Roosevelt en San Francisco.

Mientras esa gran figura inmortal pudo defender los verdaderos y sagrados ideales de unidad americana, sus enemigos actuaron en receso; pero apenas enterrados los despojos del gran presidente continental, han surgido con el propósito de desviar aquella gran política.

En este pequeño Múnich que también, como lo expresara un publicista norteamericano, tendrá a su debido tiempo su Checoslovaquia sacrificada en la pequeña y democrática nación uruguaya, le corresponde el papel de Chamberlain y debería recibir el paraguas del fatídico personaje, el dudoso y sospechoso componendero Avra Warren, embajador viajero que descubrió democracia en los regímenes de Bolivia y Argentina.

No nos puede sorprender que la quinta columna apaciguadora se manifieste por la boca de un mensajero de la antigua política contraria a los ideales roosveltianos en la propia Norteamérica y por efecto de esa gran ausencia. Pero en el mismo momento en que abren las puertas de nuestras fronteras y de las fronteras uruguayas para recibir el innumerable desfile de desterrados democráticos, cuando vemos la inescrupulosidad de los gobernantes argentinos que a costa de nuestras más apremiantes necesidades, como es la del caucho, organizan contrabandos dirigidos oficialmente por un antiguo espía expulsado de nuestro país, para tal vez atacarnos mañana, nos parece gravísimo que nuestro gobierno haya ayudado o encabezado, como lo expresó el señor Quintana Burgos, la moción que admita en la Conferencia de San Francisco a un régimen delineado por Franco y por Hitler en la más vecina hermana de nuestra república.

Los amigos de Chile no son, honorables senadores, los que con sospechosa frecuencia van a depositar coronas en los monumentos de San Martín y O'Higgins, padres de nuestra libertad y democracia, obedeciendo instrucciones que ocultan como un puñal detrás de la corona de flores. Los amigos de Chile están en el pueblo argentino encadenado que, cuando se reúne para celebrar en inmensa y espontánea manifestación la liberación de París, es arrollado por una represión salvaje.

Los amigos de Chile son esos millares de manifestantes y creyentes en la libertad indivisible de nuestra América. Los amigos de Chile están, honorables senadores, entre los quince mil hombres encarcelados por el gobierno argentino. Entre esos presos hay hombres de la extrema derecha de la política argentina, como el senador Santamarina, expresidente del Partido Conservador, y hay también socialistas y radicales, comunistas y gentes sin partido. Por eso, la fascistización de Argentina es una amenaza para todo el continente. Y aquí debo recordar las palabras inmortales del héroe común de nuestros pueblos, del general San Martín: «La patria no hace al soldado para que la deshonre con sus crímenes, ni le da armas para que cometa la bajeza de abusar de estas ventajas ofendiendo a los ciudadanos con cuyo sacrificio se mantiene». La sombra de San Martín, como la de Sarmiento, héroes comunes de nuestra vida hermana, nos indican que no podemos socorrer ni estimular a los enemigos del pueblo argentino, que transitoriamente manejan su gobierno.

Porque también podemos señalar con alarma que lejos de mostrarse en este instante una mayor fortaleza antifascista, por todas partes de nuestro territorio asoma la víbora emponzoñada que agoniza en Europa. En el sur de Chile continúan abiertos los clubes y las escuelas alemanas y periódicos directamente sostenidos por la quinta columna continúan apareciendo en Santiago. De centenares de espías apresados, solo unos cuantos quedan en la cárcel esperando la libertad bajo fianza.

Las colonias alemanas del sur de Chile y los núcleos alemanes de la capital y del norte han contribuido ideológica, económica y militarmente con innumerables aportaciones en dinero y en hombres a las hordas enemigas de la civilización que hoy, por suerte, muerden el polvo de una derrota casi tan grande como sus crímenes.

Estas colonias traídas a Chile cuando los mismos vientos de tiranía azotaban la Alemania del siglo pasado, para que aquí hallaran asilo contra la opresión, han traicionado la confianza y el destino que nuestro país les ofreciera. Se han hecho reos de reiterada traición; han paseado por los pueblos del sur una intolerable arrogancia cuando creyeron que la victoria de su amo ensangrentado les daría la oportunidad esperada de rebelarse contra nuestro gobierno y exigir sus propias autonomías. Ahora mismo continúan envenenando el ambiente a lo largo de todo el país, sin que autoridad alguna los haga entrar en vereda, con la dureza que corresponde al trato que pensaron darnos a nosotros en sus sueños criminales de dominación.

Por eso, cuando S.E. el presidente de la República se refiere a la formación de un Cuerpo Consultivo y Ejecutivo de Inmigración, creo mi deber levantar mi voz sin tardanza en esta alta tribuna. Soy partidario convencido de la inmigración de elementos valiosos a nuestra patria, por sus esfuerzos y por sus ideas, y de esto he dado prueba, propulsando en la medida de mis fuerzas la inmigración más honrosa que ha recibido Chile: me refiero a los republicanos españoles que alcanzamos a proteger de la furia franquista.

Las leyes de inmigración son conquistas democráticas obtenidas a lo largo de América por los partidos de avanzada. Ideas retrógradas hicieron permanecer estática nuestra población, sin abrir las puertas a las corrientes vitalizadoras del exterior. Pero si bien propulsamos una amplia y seleccionada inmigración, de acuerdo con las palabras del señor Ríos, estaremos montando guardia ante el peligro de que quieran aprovechar nuestra generosidad los nazis, fascistas y falangistas que huyen como ratas de una Europa que amenaza achicharrarlos. Por eso, vemos con profunda desconfianza artículos en toda la prensa reaccionaria que aplauden la creación de esta comisión con frases que ya dejan ver el peligro que denuncio. Usando el veneno antisemita, hablando de ciertas pretendidas preferencias raciales, esta prensa quiere torcer, por encargo de la quinta columna, los buenos designios del presidente de la República que si corona efectivamente su proyecto con una inmigración escogida, numerosa y democrática, habrá hecho al país uno de sus más grandes e históricos beneficios.

Honorables senadores:

No quiero terminar sin dejar constancia del orgullo que siento, en mi calidad de escritor, al representar en el Senado a las grandes masas obreras del norte, llevado por la tradición de lucha, honestidad y esperanza que significa el Partido Comunista de Chile.

Desde los tiempos en que se levantara en la pampa la titánica figura de Luis Emilio Recabarren, no se ha extinguido la fe del pueblo en sus continuadores ni se han agotado las enseñanzas de aquel maestro y héroe nacional de nuestra democracia. Por el contrario, ha pasado a ser, para sus aliados políticos y sus innumerables simpatizantes de todos los sectores sociales, una bandera de nuevo, profundo y acendrado patriotismo.

Desde los tiempos de Recabarren ha pasado mucha agua bajo los puentes y también mucha sangre. ¡Ay de aquellos que intentan detener el tiempo en una vieja hora política que solo sigue indicando el pasado feudal!

Mientras obreros católicos y aun sacerdotes, según nos dice el cable hoy día, ingresan en Italia al Partido Comunista, vemos desatarse en América fuerzas que aún pretenden levantar la manchada bandera del anticomunismo, esa bandera que se ha alzado siempre, en tantos sitios, antes de un desmán o de una traición.

Los comunistas chilenos han manifestado su programa nacional de progreso, sus deseos fervientes de levantar nuestra economía retrasada y de llevar el bienestar y la cultura a todos los rincones de la patria. Los comunistas no ignoran que muchas otras fuerzas participan de este esfuerzo general, porque no pretenden monopolizar el sentimiento patrio, sino quitarle a este un poco del aire retórico que lo ha ido gastando y llenarlo de un contenido de solidaridad y de justicia para nuestro pueblo.

En este esfuerzo nacional están colaborando y seguirán haciéndolo todos los que esperan el nacimiento de un mundo mejor, sin explotación y sin angustia.

Cuando los padres de toda la patria americana hicieron germinar ideas exóticas que venían de una revolución progresista europea, se quiso ahogar nuestra independencia inútilmente, tildándola de liberal y forastera, cuando ella era el fruto histórico de corrientes universales que llegaban a las orillas de América.

Hoy, algunos retrasados hombres de estado pretenden desautorizar, también hablando de exotismo, las nuevas corrientes de independencia y progreso que deben con mayor razón fructificar en nuestra América por el mismo retraso en que nos manteníamos. Olvidan que más que nunca formamos lo que Wendel Wilke calificó como «Un solo mundo».

Ante las perspectivas de que llegue hasta nuestro país la última ola de la ofensiva anticomunista que se agita antes de atacar a fondo todas las instituciones y partidos republicanos, como en los casos de España y la Argentina, quiero traer a la severidad de este recinto una imagen terrible que es, a la vez, una enseñanza solemne.

Existió, hasta hace pocos días, un hombre demencial que, bajo el estandarte del anticomunismo, masacró y destruyó, mancilló y profanó, invadió y asesinó seres y ciudades, campos y aldeas, pueblos y culturas. Este hombre reunió fuerzas formidables que adiestró para hacer de ellas el más inmenso torrente de odio y de violencia que haya visto la historia del hombre.

Hoy, junto a las ruinas de su nación, entre los millones de muertos que arrastró a la tumba, yace como una piltrafa, quemada, retorcida y anónima, bajo los escombros de su propia ciudadela que en lo más alto sustenta ahora una bandera gloriosa que sobre un fondo escarlata lleva una estrella, una hoz y un martillo.

Y esta bandera, con los otros emblemas victoriosos, significa la paz y la reconstrucción de la ofendida dignidad humana.

2

Homenaje a Gabriela Mistral

Martes 20 de noviembre de 1945

Señor presidente:

El Partido Comunista de Chile me ha acordado una distinción particularmente honrosa en mi condición de escritor, al pedirme expresar nuestra alegría y la del país entero por haber recaído este año la más importante recompensa literaria internacional en nuestra compatriota Gabriela Mistral.

Nuestro pequeño país, este primer rincón del mundo, lejano pero primordial en tantos sentidos esenciales, clava una flecha purpúrea en el firmamento universal de las ideas y deja allí una nueva estrella de mineral magnitud. Cuántas veces apretados junto a una radio escuchamos en la noche limpia del norte o en la tumultuosa de La Frontera la emocionante lucha de nuestros deportistas que disputaban en lejanas ciudades del mundo un galardón para nuestra antártica bandera. Pusimos en esos minutos una emoción intensa que une desde el desierto a la Tierra del Fuego a todos los chilenos.

Ese premio mundial, esa ventana para mirar al mundo y para que por ella se nos respete, lo ha conquistado el espíritu. Y nuestra capitana es una mujer salida de las entrañas del pueblo.

Gabriela Mistral —ayer lo dijo María Teresa León, heroína española—, «nombre de arcángel y apellido del viento», es en su triunfo la vindicación ejemplar de las capas populares de nuestra nacionalidad. Ella es una de esas maestras rurales o aldeanas, elevada por la majestad de su obra y combatida por todos los problemas angustiosos que acosan a nuestro pueblo. Sin dejar de ver por un minuto la excepcionalidad de su fuerza interior, pensemos cuántas pequeñas Gabrielas, en el fondo de nuestro duro territorio, ahogan sus destinos en la gran miseria que infama nuestra vida de pueblo civilizado.

Gabriela lleva en su obra entera algo subterráneo, como una veta de profundo metal endurecido, como si las angustias de muchos seres hablaran por su boca y nos contaran dolorosas y desconocidas vidas. Toda su obra está empapada por una misericordia vital que no alcanza a convertirse en rebeldía ni en doctrina, pero que traspasa los límites de la caridad limosnera. En ella están los gérmenes de una gran piedad hacia su pueblo, hacia los humillados y ofendidos de otros grandes piadosos, Dostoievski y Gorki, piedad de la que otros hombres de nueva sensibilidad deducirán caminos, extraerán enseñanzas políticas, como en la patria de Gorki y Dostoievski las sacaron nuevos hombres que establecieron un orden humano y una justicia basada en la ternura.

Debo también celebrarla como patriota, como gran amadora de nuestra geografía y de nuestra vida colectiva. Esta madre sin hijos parece serlo de todos los chilenos; su palabra ha interrogado y alabado por todo nuestro terruño, desde sus extensiones frías y forestales hasta la patria ardiente del salitre y del cobre. Ha ido alabando cada una de las sustancias de Chile, desde el arrebatado mar Pacífico hasta las hojas de los últimos árboles australes. Los pequeños hechos y las pequeñas vidas de Chile, las piedras y los hombres, los panes y las flores, las nieves y la poesía han recibido la alabanza de su voz profundísima. Ella misma es como una parte de nuestra geografía, lenta y terrestre, generosa y secreta.

Aquí nos habíamos acostumbrado a mal mirar nuestra patria por un falso concepto aristocrático y europeizante. Aún persiste un aire dudoso de comparación hacia las grandes culturas, una comparación estéril y pesimista. Recuerdo haber oído de un gran escritor en Francia: «Mientras más local un escritor es, más universal se presenta al juicio universal». Gabriela nos honra ante el mundo porque comienza por honrar a Chile dentro de sí misma, porque, como Vicuña Mackenna, vive en preocupación de toda su tierra, sin compararla, sin menospreciarla, sino plantándola y fertilizándola con esa mano creadora, poblándola con ese espíritu hoy iluminado por la gloria.

Busquemos en nuestro país todas las plantas y los gérmenes de la inteligencia. Levantemos la dignidad de nuestra patria dando cada día mejores condiciones a nuestro pueblo abandonado y esforzado, para que la Gabriela pueda repetirse sin dolores y para que el orgullo que hoy compartimos todos los chilenos nos haga, en este día de fiesta nacional, limpiar la casa de la patria, cuidar a todos sus hijos, ya que desde la alta y hermosa cabeza araucoespañola de Gabriela Mistral, los ojos del mundo bajarán a mirar todos los rincones de Chile.

3

Relaciones culturales con el Uruguay

Miércoles 26 de junio de 1946

Quiero dar un saludo de bienvenida, respetuoso y fraternal, a la eminente Delegación Uruguaya de Cultura. Viene hacia Chile en busca de un hermano consanguíneo, sostenedor, como lo es su patria, de las columnas del templo de la dignidad y del decoro, en este tormentoso lado del mundo. Yo debería, tal vez, como Rodó lo escribiera en su prosa de oro, decir el salmo de la libertad, sobre todo en esta hora en que parece, entre nosotros, eclipsarse por un momento.

En esta embajada del espíritu, del pensamiento y de la belleza entrañable, permítaseme escoger el nombre para mí muy querido y admirado de aquel que compusiera los poemas trascendentes de «El halconero astral» y «La lámpara que anda» y expresara su concepción sobre la esencia del arte en *Poética y plástica*.

Me refiero a Emilio Oribe, artista y filósofo, el «varón estético» de que hablaba Platón.

Estos plenipotenciarios del alma uruguaya nos brindan además un don poderoso y sutil, regalo de luz y color: la exposición extraordinaria del pintor Figari, cuyo genio pictórico remonta las fronteras de su heredad natal para transformarse en patrimonio y tesoro plástico de América entera.

Séame permitido, asimismo, llamar la atención del Senado hacia la excepcional muestra de simpatía, deferencia y fraternidad que nos ofrece el Uruguay, al dictar una legislación de acercamiento intelectual orientada esta vez exclusivamente hacia Chile. Huelga decir que esta actitud tan cordial, significativa y extraordinaria no envuelve ni la menor sombra de desdén hacia otros países, sino que es índice de afinidades muy hondas y definitivas entre ambas naciones. Tenemos conciencia de esa corriente que une los caudales de nuestro destino común y por ello, con el honorable senador Domínguez, presentaremos a este cuerpo legislativo un proyecto encaminado a establecer la más justa reciprocidad de tratamiento sobre la materia con el Uruguay.

Preciosa iniciativa la suya, que pone de alto relieve en el corazón mismo de la ley cuán arraigada está en ese país de pensadores y de gran cultura la veneración a los ideales que profesara el espíritu fundador e indómito de Artigas y su devoción a la línea de amor al libre arbitrio en las páginas de la sabiduría y de la unidad latinoamericana del insigne evocador de Rubén Darío, del simbolista de *Ariel* y *Caliban*, del visionario de los hombres de América, José Enrique Rodó, cuya evocación se alza con las alas en actitud de vuelo en uno de los paseos de Santiago. Tierra de poetas precursores, tempestuosos e inolvidables como el Conde de Lautréamont, Laforgue y Supervielle, Sábat y Oribe. Cuna de mujeres encendidas por la llama de una devorante poesía, como Delmira Agustini, Juana de Ibarbourou y Sara de Ibáñez. Suelo donde crece un pueblo vigoroso, combatiente y democrático, maravillosa savia de los movimientos políticos de avanzada y libertad. Panorama dinámico, ardiente, que compendia en suma una atmósfera de mentalidad laboriosa y confiere al Uruguay carácter de meridiano de ideas y centro de la independencia del pensamiento y del hombre en estas latitudes de la tierra.

Pero también tenemos que decir que Uruguay mira hacia Chile buscando el perfil familiar, queriendo abrazarlo sobre el gran enigma inquietante que significa la resurrección, en países vecinos, de fuerzas impuras, de corrientes extrañas que acechan, queriendo atentar contra la vida misma de la cultura y de su necesario y propicio aire libre donde florecer.

Esta preclara delegación acude aquí a una cita con el destino de la libertad, pues Uruguay y Chile, junto a Colombia, Costa Rica y México, han sido por largo tiempo la garantía del respeto a los derechos humanos, tan grave y alevosamente atropellados en nuestra América. Y en esta hora, cuando todavía suena en los oídos del corazón humano la hora de la victoria y la paz, potencias regresivas que muchos creyeron para siempre acalladas, salen de nuevo de los cuarteles de invierno de la derrota, poniendo en peligro los principios esenciales de nuestra independencia, pretendiendo cortar el camino de los pueblos hacia el perfeccionamiento de su democracia.

Por esto, no puedo dejar de pensar que el gesto del Uruguay —entroncado a una prolongada y radiante tradición civil—, es presidido en lo hondo por el signo sublime y el noble designio de buscar y encontrar en nuestra democracia y en nuestra cultura esa comunidad de actitud, esa fuerza fraterna —nunca negada—, que esté junto a la suya y monte guardia de centinela de América en esta hora de prueba de las libertades.

Pero, para nuestra gran desgracia, esta embajada ha tenido que presenciar hechos indignos, vergonzosos, que seguramente la habrán movido a meditar en los riesgos y responsabilidades de la cultura, al ver que en países tan tradicionalmente democráticos como el nuestro se clausuran diarios y radioemisoras por decir la verdad, de todos conocida, por otra parte; que llenan de policías las imprentas para impedir que el pensamiento del pueblo se exprese, advirtiendo, denunciando y alertando contra la conspiración antidemocrática que estuvo a punto de estallar; que se condena a los periodistas que creen que su misión consiste en contar lo que sucede y no en venderse a tanto el centímetro para publicar apócrifas estupideces como «circulares secretas comunistas», burdamente urdidas. Hora sombría en que el pueblo cae baleado en plena plaza pública, frente al Palacio de Gobierno, por el «crimen nefando» de pedir medidas para que baje el costo de la vida y se restablezcan las conquistas sociales. Hora sombría en que el envilecimiento ha llegado a órganos periodísticos antes respetables, que han celebrado los atentados contra la libertad de prensa.

Y a esta cadena de indignidades se ha agregado a última hora una que toca directamente al sentido mismo de lo que representa la embajada uruguaya. En el instante en que pisaba nuestra tierra, el Ministerio del Interior, sin proceso judicial ni orden competente de los tribunales, ha hecho perseguir, en una verdadera cacería nazi, al escritor republicano español Antonio Aparicio. Este joven y destacado poeta encontró refugio, en tiempos de don Pedro Aguirre Cerda, en la embajada chilena en Madrid, junto a un puñado de héroes del régimen legal de la madre patria.

Durante dieciocho meses vivió en este pedazo de Chile que le salvaba la vida. Noche tras noche el falangismo aullaba junto a los umbrales de esa casa odiada donde flameaba nuestra bandera, pugnando por forzar esas puertas sagradas y pidiendo la cabeza de aquellos hijos valerosos de la verdadera España. El gobierno franquista se empecinaba en cobrar ese trofeo de sangre, con sed homicida nunca saciada, decidido a quebrantar y violar el derecho de asilo. Entonces don Pedro Aguirre Cerda, interpretando con fidelidad el clamor de su pueblo, contestó con energía y valor, rompiendo relaciones con Franco. Y aquellos refugiados, Aparicio entre ellos, fueron invitados por el gobierno a vivir en nuestro país, a participar de nuestra libertad y nuestra hospitalidad. Hoy, un poder accidental, que no se origina en la consulta popular, quiere no solo arrojar de Chile a uno de los hombres que un gobernante con mayores derechos invitó, sino que pretende, en el fondo, entregarlo a aquellos mismos verdugos que golpearon durante un año y medio en las puertas de nuestra embajada en Madrid, pidiendo sangre y más sangre.

Yo estoy íntimamente ligado a la venida de la inmigración republicana española, formada de hombres laboriosos y espíritus libres. Fui protagonista y activador de ella. Es uno de los orgullos más grandes de mi vida. El hecho que haya recibido millares de felicitaciones por ello me indica que fue una inmigración de primera clase, que no necesitaba, como otras que se preparan, de cuantiosos dineros del gobierno para traer dudosos extranjeros de mentalidad y origen en abierta contradicción con nuestra idiosincrasia e intereses.

Aparicio, a quien conozco desde niño, es un notable poeta, poeta por encima de todo, que nunca ha tenido ninguna intervención en la política chilena. Escritor profesional, acaba de publicar dos libros de prominente significado: un reportaje descarnado e impresionante sobre el terror nazi, denominado *Cuando Europa moría* y un lírico y purísimo volumen de poemas, *El pez y la estrella*.

Me entristece también esta absurda persecución porque, aparte de significar literalmente un crimen contra la cultura, es un delito de lesa patria, un atentado contra la estructura legal del país, cometido por vestigios de inclinaciones fascistas que hoy, más que nunca, influyen poderosamente en Palacio. El embajador de un gobierno que ni siquiera ha sido admitido en el concierto de las Naciones Unidas, porque tiene las manos sucias con sangre de millones de españoles, influye sobre el ánimo débil y sospechosamente complaciente de nuestros pasajeros ministros y arrastra a la comisión de este grave delito contra nuestra Constitución, contra nuestras leyes fundamentales, contra la santidad del derecho de asilo, contra la médula de una honrosa tradición republicana, que se consustancia con toda nuestra historia de país independiente. Quiero recordar, a propósito, a estos hombres solitarios de La Moneda lo que aprenden todos los niños chilenos en el silabario: Chile dejó de ser colonia de España en 1810. Somos los dueños de nuestro destino y por nada del mundo renunciaremos a nuestra dignidad. Harían bien estos caballeros en repasar las lecciones olvidadas de O'Higgins y

Carrera, de los padres de nuestra libertad, y en escuchar con más patriótica atención la letra de esa Canción Nacional que tocan todos los días frente a La Moneda y que canta «el asilo contra la opresión».

Este país, que está dispuesto a levantarse entero en defensa y salvaguardia de su legalidad, no va a tolerar en silencio el crimen que se quiere perpetrar. El gobierno está notificado de ello. Un clamor de estupefacción comienza a crecer ante la conciencia atónita de los intelectuales de América y Europa, que hacen llegar su expresión de protesta ante el hecho para ellos casi increíble. Yo también quiero formular mi reprobación más enérgica hacia esta conducta inaudita y pido se oficie al Ministerio del Interior para que deje en el acto sin efecto ese decreto que ofende a nuestra carta fundamental y es un insulto a nuestra dignidad y un oprobioso baldón para el buen nombre de Chile ante el consenso internacional.

No puede parecer extraño que haya ligado este acontecimiento sombrío a mi salutación y homenaje a la embajada de la cultura uruguaya. No he transgredido ningún código moral al vincularlos con estos problemas de raíz y resonancia americanas. Conozco el Uruguay y sé que para ellos formamos una misma mansión familiar, sé que siente en lo vivo nuestra unidad de destino. Y por tal motivo presencia con dolor el espectáculo inesperado, medieval y bochornoso, de que en un país admirado en todo el ancho continente por su conciencia y madurez cívicas, las libertades sean pisoteadas como en cualquier tiranía.

Además de una protesta, quiero formular un voto: que la persecución despiadada, al estilo de la Gestapo, contra Antonio Aparicio, poeta y escritor que honra a nuestro país con su trabajo literario, sea solo un acto fugaz de despotismo.

Porque si así no fuere y la hostilidad hacia nuestros invitados continuara, el pueblo demandará, implacable, a los culpables. Convocaremos entonces a sus fuerzas invencibles, que no aceptarán estos actos intolerables, que no echarán al olvido a quienes los están ejecutando y a quienes mañana castigarán con la fuerza justiciera con que solo el pueblo sabe hacerlo.

Y pido a los intelectuales, a los escritores e historiadores de esta época que en sus obras de hoy y de mañana coloquen en su sitio a estos hombres pequeños que ocupan situaciones grandes, dándoles lo único que pueden merecer: el olvido y el desprecio que en su corta actuación conquistaron y merecieron.

4

Derechos políticos de la mujer

Martes 10 de diciembre de 1946

Honorable Senado:

Me corresponde intervenir en este debate, haciendo uso de la palabra en nombre del Partido Comunista, justamente cuando una eminente educadora, conocida en el país como una personalidad de brillante inteligencia y estimada en todos los sectores por su seriedad y rectitud, María Marchant, militante de nuestro partido, es designada para la intendencia de la provincia de Santiago.

Por primera vez en nuestro país y en el continente, una mujer llega a un cargo de esta naturaleza y el hecho tiene una doble importancia porque, además de honrar por sí mismo a la mujer chilena, se produce precisamente cuando existe entre gobernantes y gobernados, entre autoridad y pueblo, el propósito de cooperar de la manera más decidida y enérgica, a fin de poner rumbo a grandes transformaciones económicas, políticas, sociales y culturales.

Permítanme, honorables colegas, que en la persona de esta educadora y luchadora que llega a tan alto cargo, rinda fervoroso homenaje a la mujer chilena, que se dispone a participar en las grandes batallas del pueblo por el porvenir de nuestra patria.

Por cuarta vez en los últimos treinta años llega al legislador una iniciativa encaminada a corregir una injusta desigualdad política y todo permite suponer que en esta oportunidad habrá de ser aprobada en el Parlamento la ley que concede derecho a voto a la mujer.

Corresponde el honor de haber firmado la primera iniciativa, en 1917, al diputado conservador, don Luis Undurraga. En 1939, presentado un nuevo proyecto a la Cámara de Diputados, éste no alcanzó a ser discutido siquiera. Finalmente, en 1941, el malogrado presidente don Pedro Aguirre Cerda presentó un tercer proyecto.

Ahora hemos comenzado a discutir un proyecto que ha sido evidentemente mejorado por la comisión respectiva, lo que revela la excelente disposición de los miembros de ella en favor del voto femenino. Por otra parte, me han antecedido ya en el uso de la palabra varios honorables senadores de diferentes partidos, quienes han aprobado ampliamente el proyecto.

Estos hechos revelan que ha sido ya larga y eficiente la lucha de las mujeres dentro de su movimiento por conquistar el derecho a voto y de más está decir que en esta lucha han contado con el apoyo decidido del Partido Comunista, de sectores y elementos de todas las tendencias políticas y credos religiosos y, de manera especial, con el apoyo franco y resuelto de la clase obrera organizada, desde los gloriosos días en que Luis Emilio Recabarren echara los cimientos de esta fuerza que ha llegado a ser el factor fundamental de nuestra pujante democracia.

El fruto de estas luchas viene a obtenerse solamente ahora, con enorme retraso si tenemos en cuenta las iniciativas a que ya aludí y otros hechos de importancia.

En l877 nuestro país fue la primera nación hispanoamericana que permitió el ingreso de la mujer a la universidad, en igualdad de condiciones que el hombre. Los primeros abogados y médicos mujeres que hubo en América Latina fueron, pues, chilenas.

En la V Conferencia Panamericana, celebrada en Santiago en 1924, nuestro país suscribió una recomendación en favor del voto femenino. Chile fue, igualmente, uno de los primeros países de América Latina en levantar las incapacidades civiles más notorias que colocaban a la mujer en un nivel inferior respecto del hombre dentro de nuestra legislación y fue uno de los primeros también en conceder el derecho a voto a la mujer en las elecciones municipales.

Más recientemente, al firmar los acuerdos de Chapultepec,[2] Chile se pronunció en favor de varias reivindicaciones económicas, políticas y sociales de la mujer.

Sin embargo, debemos reconocer que, a pesar de esta línea progresista que ha seguido nuestro país, nos han aventajado con mucho las Repúblicas de Santo Domingo, Cuba, Panamá, El Salvador, Colombia y Uruguay.

En Cuba y Uruguay la mujer ha llegado ya hasta el Parlamento como representante del pueblo. En su período de gobierno, el presidente [Fulgencio] Batista designó a una mujer como ministro sin Cartera. El progreso ha sido mucho más grande aún en los Estados Unidos. Allí las mujeres gozan de los derechos ciudadanos desde 1869; más de 2 000 mujeres han llegado a las legislaturas de los estados y cerca de cincuenta al Congreso Federal; otras han sido y son actualmente ministros de Estado, gobernadoras y embajadoras.

Dentro de la historia de la sociedad burguesa, fue en la propia Revolución Francesa donde se inició el movimiento por la igualdad de derechos para la mujer y el hombre. En efecto, cuando la

---

2   Se refiere a la Conferencia Interamericana sobre Problemas de la Guerra y la Paz. Celebrada en Chapultepec en 1945, esta reunión contribuyó a sentar las bases institucionales del sistema regional interamericano en función de los intereses norteamericanos. Organizada por el secretario asistente de Estado para América Latina, William A. Clayton, en ella se trató de imponer una serie de principios de liberalización del comercio y las inversiones en sintonía con el propósito de crear una economía hemisférica. El documento resultante del cónclave, conocido como Carta Clayton, o «Carta Económica de las Américas», se insertaba en la concepción general que Estados Unidos había definido para la economía mundial de la posguerra, regida por mecanismos multilaterales bajo el liderazgo norteamericano. Dicho plan encontró oposición entre los gobiernos de la región, pues consideraron sus estipulaciones contrarias a las aspiraciones de lograr un desarrollo capitalista independiente.

Convención dio a conocer la Declaración de Derechos en 1793, un grupo un grupo de mujeres presentó, a la vez, una declaración de derechos de la mujer en un conjunto de diecisiete artículos.

El derecho de voto a favor de la mujer es, pues, uno de los grandes objetivos que entregó a la humanidad la revolución democrático-burguesa, que solamente ahora, a más de un siglo y medio de distancia, están impulsando vigorosamente el pueblo de Chile y, a la cabeza de él, la clase obrera organizada.

No puede caber duda alguna, pues, de que el derecho a voto de la mujer en este período histórico de nuestra patria habrá de tener una enorme trascendencia para el curso progresivo de su desarrollo económico, político, social y cultural, y constituirá un ejemplo digno de seguirse para los demás pueblos hermanos del continente.

Por esta razón, me permito solicitar de mis honorables colegas su cordial atención porque, con oportunidad de este debate histórico para nuestra democracia, los comunistas deseamos exponer algunos puntos de nuestra doctrina que se relacionan con la materia que discutimos.

Agradezco anticipadamente la deferencia de mis honorables colegas.

Nuestra doctrina socialista marxista rechaza abiertamente todos los prejuicios acerca de la supuesta inferioridad biológica o intelectual de la mujer con respecto al hombre. Los conocimientos de la ciencia y de la historia que tienen mis honorables colegas y su observación de la práctica cotidiana de los hechos que diariamente saltan a la vista son más que suficientes para conducir a la conclusión de que aquella pretendida inferioridad es falsa de toda falsedad.

La mujer ha alcanzado, por su propia capacidad, situaciones que se reputaban inaccesibles para ella. Sin embargo, la inmensa mayoría, en todo el mundo capitalista, se halla confinada a tareas odiosas e improductivas. Los comunistas no culpamos de ello al hombre, sino al régimen capitalista.

En lo que va corrido del presente siglo, la mujer ha conquistado en muchos países capitalistas el derecho a voto. Esta ha sido, sin duda, una gran victoria, pero la experiencia práctica ha demostrado que la situación de la mujer ha continuado casi igual, es decir, ha demostrado que los derechos políticos no constituyen, por sí mismos, la liberación de la mujer, su completa emancipación, su igualdad con respecto al hombre. Ello se debe a causas que fueron estudiadas profundamente hace un siglo y que permitieron afirmar a Carlos Marx y Federico Engels, ya en el *Manifiesto del Partido Comunista*, que la emancipación de la mujer habrá de realizarse solamente en el régimen socialista.

En su obra *Origen de la familia, la propiedad privada y el Estado*, Engels nos enseña que el tránsito hacia la civilización, señalado por la aparición de la propiedad privada, trajo consigo la primera división de clases, señores y esclavos, y la desigualdad entre el hombre y la mujer. En efecto, la domesticación de animales, que significó un progreso extraordinario en la historia de la humanidad, puso la riqueza en manos del hombre. La mujer quedó como dueña solamente de los enseres domésticos y dedicada al trabajo también doméstico.

Desde entonces, la riqueza, siempre en manos del hombre, no ha hecho más que aumentar. Frente a este aumento de la riqueza y de la propiedad privada, la economía doméstica fue perdiendo de más en más su importancia y, con ello, la mujer fue perdiendo también importancia en la vida económica, política y social de los grupos humanos, hasta el extremo de llegar a perder, incluso, la propiedad de los objetos domésticos.

La esclavitud del sexo femenino proviene, pues, de su remota esclavización en los quehaceres domésticos. De lo cual se desprende, lógicamente, que no habrá de liberarse plenamente de esta condición en que se halla, mientras no se incorpore, al igual que el hombre, a la producción social.

Dice Engels en la obra que cité anteriormente:

> [...] la emancipación de la mujer y su igualdad de condición con
> el hombre son y seguirán siendo imposibles mientras perma-
> nezca excluida del trabajo productivo social y confinada dentro
> del trabajo privado doméstico. La emancipación de la mujer no
> es posible sino cuando esta pueda tomar parte en vasta escala en
> la producción social y el trabajo doméstico no la ocupe sino un
> tiempo insignificante.

Esta afirmación, basada en la doctrina del materialismo histórico,
está demostrada en los hechos mismos, como pudo comprobarlo el
propio Engels.

> Esta condición —dijo— solo ha podido realizarse en la gran
> industria moderna que no solamente admite el trabajo de la
> mujer en vasta escala, sino que hasta lo exige formalmente y
> tiende cada vez más a transformar el trabajo doméstico privado
> en una industria pública.

El hecho de que la riqueza haya quedado en manos del hombre,
desde el aparecimiento de la propiedad privada hasta la gigantesca
acumulación de la propiedad de los medios y de los instrumentos
de producción mientras la mujer carecía de todo ello, pone al des-
cubierto la verdadera causa de la desigualdad de los sexos, la causa
primera y fundamental, que es la desigualdad económica.

De esta situación arrancan todas las consecuencias históricas
ulteriores. La mujer queda confinada al trabajo doméstico y al cuidado de la prole, mientras el hombre se arroga el privilegio de dirigir el Estado y de dirigirlo, precisamente, en un sentido que tienda
a consolidar su posición privilegiada.

La humanidad queda dividida falsamente en una mitad superior y otra mitad inferior, la de las mujeres. ¿Habrá de ser eterna

semejante división…? Nuestra doctrina socialista marxista nos permite responder rotundamente que no.

De la misma manera que la división de la sociedad en clases se debe, entre otras causas, a la división del trabajo —división esta que, a su vez, está determinada por el grado de desarrollo de las fuerzas productivas—, de la misma manera, la desigualdad entre los sexos, la división de la humanidad en una mitad superior y otra inferior —determinada también por el grado de desarrollo de las fuerzas productivas—, tendrá su término precisamente por obra de este mismo desarrollo.

Actualmente, el desarrollo de las fuerzas productivas no solo permite, como decía Engels, sino que hace necesaria la participación de la mujer en el trabajo social y de ello ha venido resultando una consecuencia lógica: van borrándose los prejuicios, van desapareciendo cada día más las diferencias que separan a los dos sexos.

Por otra parte, el propio desarrollo del capitalismo, al crear el proletariado, da nacimiento a la fuerza histórica que habrá de luchar por la abolición de la propiedad privada de los medios de producción, para reemplazarla por la propiedad socialista de los mismos.

Y este objetivo supremo del proletariado, la lucha por el establecimiento de la propiedad socialista, de la propiedad colectiva, igualmente para hombres que para mujeres sin hacer diferencias entre los dos sexos, abre a la mujer el camino hacia su incorporación al trabajo social y, consiguientemente, hacia su emancipación del trabajo doméstico, que la sustrae de los asuntos públicos y que impide o frena su desarrollo intelectual.

Se deduce de esto que el camino que conduce verdaderamente hacia su emancipación a la mujer, es su incorporación a la industria pública, en iguales condiciones y con los mismos derechos del hombre. Solo este camino le permite liberarse del trabajo doméstico y del cuidado de los hijos, que pasa a ser una atención preferente del Estado en salas cunas, guarderías de niños, jardines infantiles, escuelas, etcétera.

El régimen capitalista permite y aun necesita la incorporación de la mujer al trabajo social, pero lo hace en forma irracional. Solo absorbe una parte de la población femenina, contra la cual ejercita una explotación todavía mayor que la del hombre, tal como hace también con los niños. El resto de las mujeres, su inmensa mayoría, queda sumida en la actividad doméstica, económicamente dependiente del hombre, alejada de la vida pública.

Por otra parte, la posibilidad de traspasar el trabajo doméstico a la industria pública respectiva no puede realizarse en forma completa, de manera que libere a la mujer de los numerosos y fatigantes quehaceres domésticos en que debe invertir la mayor parte de su tiempo, porque esa industria pública, al igual que todas las demás, se crea, fundamentalmente, para acumular ganancias sobre la base de grandes utilidades y, por consiguiente, de altos precios que no todos pueden pagar.

Ocurre, pues, en buenas cuentas, que la incorporación de la mujer a la industria, dentro del régimen capitalista que continúa defendiendo las relaciones económicas, políticas y sociales propias y características de este régimen, no significa la liberación de la mujer, sino, simplemente, el cambio de una esclavitud por otra. El trabajo agotador y enervante de la cocina y del hogar, acometido diariamente por la pobreza y la miseria, es sustituido por la explotación inflexible y cruel de la industria. Además, se mantienen la desigualdad social de los sexos, la desigualdad en los derechos privados, la desigualdad en los derechos políticos, que no han sido aún eliminadas plenamente en el mundo capitalista, a pesar de las largas luchas del proletariado, de las mujeres de los proletarios, de hombres y mujeres de las clases trabajadoras, de la burguesía progresista y aun de hombres y de mujeres de las clases privilegiadas.

¿A qué se deben tantas dificultades y obstáculos que encuentra la lucha por liquidar estas diferencias?

Ello se debe a que, dentro del régimen capitalista, la igualdad completa entre el hombre y la mujer constituye un atentado contra sus propios fundamentos: la propiedad privada y la forma de matrimonio monogámico e indisoluble.

Para obtener la plena igualdad entre hombres y mujeres se hace necesario una transformación de raíz que establezca la propiedad socialista de los medios e instrumentos de producción y una forma de matrimonio basada en la igualdad efectiva de los cónyuges, ajena al interés económico, ajena a la propiedad privada, que permitan la celebración y, consiguientemente, la disolución del matrimonio por voluntad verdaderamente libre de ambas partes, libre del vicio de las conveniencias económicas o sociales, libre de la presión de la miseria.

Porque la actual situación de la mujer, que depende económicamente del hombre, no le permite elegir libremente a su marido o, peor aún, la obliga en muchos casos a recurrir, como medio de vida, a la prostitución, lacra abominable que solo puede existir en el régimen capitalista, causa primera de tantas y tan repugnantes corrupciones e injusticias.

Es verdad que la mujer, dentro de este régimen, ha hecho muchas conquistas, entre ellas, el estudio y ejercicio de profesiones liberales y otras actividades que no son de índole privada, pero el escaso número que goza de estas conquistas es casi nada frente a la inmensa masa de mujeres que continúa en situación dependiente y esclavizada. Además, estas conquistas sufren gran menoscabo en cada período reaccionario de la historia, como quedó trágicamente demostrado, por ejemplo, en el período más sanguinario y retrógrado que haya vivido jamás la humanidad: en el período del fascismo y del nazismo, que convirtió a las mujeres en simples bestias de crianza, encargadas de dar a luz a seres que habrían de ser educados en la doctrina de la agresión y del crimen.

Los fundadores del socialismo científico —Marx y Engels— sentaron esta premisa fundamental: el problema de la igualdad social y política de la mujer y del hombre no es un problema aislado del gran problema que plantea la sociedad capitalista, sino un aspecto subordinado del mismo.

Se deduce de esto que son infructuosos los esfuerzos por realizar la plena igualdad entre el hombre y la mujer si no se suprimen todas las desigualdades, todos los antagonismos que dividen a la sociedad humana bajo el régimen capitalista. Y esto significa que la plena igualdad entre el hombre y la mujer podrá establecerse solamente cuando se sustituya el régimen capitalista por el régimen socialista, etapa superior del desarrollo histórico de la humanidad y hacia la cual avanza en forma incontenible en todo el mundo.

Esta es la teoría. ¿Qué dice la práctica?

Los hechos concretos, irrefutables, de la práctica, confirman ampliamente la teoría que dirigió la Revolución de 1917 y que ha dirigido el desarrollo del régimen socialista implantado en la Unión Soviética.

Es en el gran país del socialismo donde la práctica ha demostrado que, efectivamente, solo en el régimen socialista es posible llegar a establecer la plena igualdad económica, política y social entre la mujer y el hombre y no meramente ante el derecho, sino en los hechos mismos.

Permítanme mis honorables colegas que ilustre esta afirmación con algunos hechos y referencias que acaso muchos de ellos conozcan, pero que no debo dejar de mencionar en esta oportunidad.

En el primer período del desarrollo del estado socialista, cuando no se habían operado aún las realizaciones trascendentales y asombrosas que ha visto la humanidad progresista, cuando la Revolución estaba todavía en sus comienzos, había ya, sin embargo, razones para enorgullecerse en cuanto se relaciona con la labor cumplida en beneficio de la mujer.

Lenin, ese gran genio de este siglo, pudo decir entonces:

> Ningún partido democrático del mundo, en ninguna de las repúblicas burguesas más avanzadas, ha hecho, en este aspecto, en docenas de años, ni la centésima parte de lo que hemos hecho en el primer año de nuestro poder. No hemos dejado material-mente piedra sobre piedra de las vergonzosas leyes sobre la inferioridad de derechos de la mujer, sobre los obstáculos al divorcio, sobre los odiosos requisitos que se exijan para él, sobre la ilegitimidad de los hijos naturales, sobre la investigación de la paternidad, etc. Numerosos vestigios de estas leyes subsisten en todos los países civilizados, para vergüenza de la burguesía y del capitalismo.

Sin embargo, Lenin reconoció, al mismo tiempo, lo mucho que quedaba por hacer:

> Pero cuanto más nos deshacemos del fárrago de viejas leyes e instituciones burguesas —dijo—, tanto más patente va siendo para nosotros que solo se ha descombrado el terreno para la construcción, pero no se ha comenzado todavía la construcción misma.
>
> La mujer continúa siendo esclava doméstica, a pesar de todas las leyes liberadoras, porque está agobiada, oprimida, embrute-cida y humillada por los pequeños quehaceres domésticos que la atan a la cocina y a los hijos, que malgastan su actividad en un trabajo absurdamente improductivo, mezquino, enervante, embrutecedor, fastidioso. La verdadera emancipación de la mujer, el verdadero comunismo no comenzará sino en el país y en el momento en que empiece la lucha de las masas, dirigida por el proletariado en el poder, contra esta pequeña economía

doméstica o, más exactamente, hasta que empiece su transformación en masa en una gran economía socialista.

Por el camino que Lenin señalara genialmente se llegó a la Constitución estaliniana, en cuyo artículo 122 se lee:

> En la URSS se conceden a la mujer iguales derechos que al hombre, en todos los dominios de la vida económica, pública, cultural, social y política.
>
> La posibilidad de ejercer estos derechos está asegurada por la concesión a la mujer de derechos iguales a los de los hombres en cuanto al trabajo, al salario, al reposo, a los seguros sociales y a la instrucción, por la protección de los intereses de la madre y del niño por el Estado, por la concesión a la mujer de vacaciones durante la gestación, con disfrute de salario, y por una vasta red de casas de maternidad, casas cunas y jardines de la infancia.

Una declaración, siquiera semejante a esta, no se halla en ninguna otra constitución de ningún estado del mundo capitalista, por la sencilla razón de que en ninguno de ellos la mujer ha obtenido un reconocimiento tan amplio y tan sólidamente fundamentado de su igualdad de derechos con respecto al hombre.

La tarea señalada por el padre de la Revolución de 1917 se había cumplido y de ello son testimonios los hechos mismos y el texto de la Constitución de 1936 de la Unión de Repúblicas Socialistas Soviéticas.

La igualdad ante la ley, la igualdad formal, jurídica, país a la realidad, a los hechos. La mujer participa en todas las actividades creadoras del país del socialismo. Sus quehaceres domésticos han pasado a la industria pública respectiva. El cuidado de sus hijos constituye un cuidado de incumbencia preferente del Estado. Hoy, la mujer soviética tiene igual derecho al trabajo que el hombre, de manera que ninguno le está vedado, goza de igual salario, tiene igual derecho al reposo y a los seguros sociales y los mismos derechos le conceden las mismas ventajas en la instrucción y en la cultura. En cuanto a la maternidad, ella es fuente de derechos especiales que no existen en ningún otro país de la tierra.

En la Unión Soviética, el trabajo doméstico ha sido absorbido por la gran industria pública respectiva; las fábricas y las empresas tienen sus grandes restaurantes donde obreros y obreras toman sus alimentos científicamente combinados; para aquellos que prefieren comer en el hogar, la industria les ofrece toda clase de alimentos semipreparados, casi listos para el consumo; grandes lavanderas, montadas con la técnica más moderna, libran de este trabajo a la mujer, a bajo precio. En cuanto al cuidado de los hijos, a medida que aumenta la población, se multiplican las salas cunas, las *crèches*, los jardines infantiles, los *kindergarten*, los sanatorios infantiles costeados por el Estado y administrados por los sindicatos.

De esta manera, las madres soviéticas son aliviadas del cuidado de sus hijos lo cual no significa que los niños están privados del cuidado de sus madres ni, menos aún, que la familia haya sido destruida, como han pretendido hacerlo creer algunos ignorantes, retrógrados o interesados. En esos servicios, el niño es atendido por personal profesional, especializado científicamente, gracias a lo cual se libran de todo riesgo originado por la falta de conocimientos o por los prejuicios.

Todos sabemos que estos procedimientos no fueron inventados por el régimen socialista, sino en el mundo capitalista. Solo que hay una diferencia: mientras en el país del socialismo se han perfeccionado y extendido al goce de todos, en el régimen capitalista su utilidad continúa restringida solamente en favor de los que tienen dinero para pagarlos.

Así liberada de los quehaceres domésticos y del cuidado tiránico de los hijos, la mujer soviética puede participar en el trabajo productivo social, labrar su independencia económica, instruirse en todas las ramas de la educación, elevar su cultura, estudiar y comprender los problemas sociales, los grandes problemas nacionales e internacionales, los problemas de la industria o actividad en que trabaja, etcétera. En fin, la mujer soviética ha dejado de ser lo que era: un elemento pasivo y oprimido que no conocía más que las minucias de la casa sitiada por la miseria, como continúa ocurriendo en las naciones del mundo capitalista.

Ningún país de la tierra tiene una legislación protectora de la mujer más avanzada que la de la URSS.

Durante el embarazo goza del derecho a vacaciones con pago íntegro de salario, con cargo al fondo de Seguro Social, que cubren los cincuenta y seis días anteriores y ulteriores al parto. Para ello existe una extensa red de casas de reposo, donde se las educa y se las alimenta en forma racional, bajo la vigilancia de un personal especializado.

Reincorporada la madre al trabajo, sus hijos permanecen en las salas cunas de doce a trece horas, de manera que tiene tiempo sobrado para perfeccionarse en la técnica, para elevar su nivel cultural o para estudiar una profesión.

El resultado de estas medidas sociales ha sido notable, se han suprimido enfermedades frecuentes en las madres y ha disminuido en forma apreciable la mortalidad infantil. La estadística lo demuestra. En efecto, mientras el aumento de la población en 1934 fue de 0,1 en París, 1,1 en Berlín y 2,5 en Londres, en algunas ciudades de la Unión Soviética el porcentaje llegó hasta un 20,5%.

Quiero señalar otros aspectos no menos interesantes y que reflejan hasta qué punto se ha incorporado la mujer al trabajo social en la Unión Soviética.

En 1937 más de una tercera parte de los obreros ocupados en la industria eran mujeres, o sea, una cantidad 4 veces superior a la de 1914. Ese mismo año, el número de mujeres ocupadas en la industria pesada alcanzaba el 40%.

La mujer tártara, que se hallaba casi excluida de la vida social, al extremo de que no le era permitido siquiera mostrar su rostro, ha pasado a llenar, en su república, el 37% de los obreros ocupados en la industria de esa nación y desempeña trabajos calificados con gran eficiencia, al igual que el hombre, y ya sin velo, con el rostro a pleno aire.

Antes de 1917 solo un 10% de los médicos eran mujeres. Hoy alcanzan el 50%. En el período que corrió entre 1925 y 1934, el número de mujeres ingenieras aumentó 4 veces.

Hay, actualmente, mujeres que son directoras de fábricas, presidentas de koljoses, directoras de institutos de investigaciones científicas; esto, sin mencionar su afluencia a las directivas sindicales de las grandes industrias, a todas las ramas de la enseñanza, a todos los servicios públicos, etcétera.

Permítanme, honorables colegas, hacer una mención más, que lleva envuelta el homenaje nuestro y el homenaje de todos los pueblos de la tierra. En la guerra que terminó con la derrota militar aplastante de las bestiales fuerzas del nazi fascismo, correspondió a la mujer soviética, en las filas del glorioso Ejército Rojo, en los destacamentos de guerrilleros, en la industria bélica y en toda la acción gigantesca y portentosa del pueblo soviético, correspondió a la mujer, digo, un papel brillante y heroico, lleno de sacrificios y de hazañas que la han cubierto de gloria, porque demostró, de manera elocuente el profundo e imbatible amor a la patria con que supo defender su suelo contra el agresor vandálico y sanguinario.

Todo esto, honorables colegas, da la medida de las profundas transformaciones progresistas que el régimen socialista ha operado en la URSS.

Y buena parte de todo ello corresponde a la labor de la mujer, incorporada a la vida nacional en igualdad de condiciones con el hombre, tal como lo establece el artículo 137 de la Constitución estaliniana, que dice a la letra: «La mujer goza del derecho de elegir y de ser elegida, al igual que el hombre», gracias al cual, en 1937, llegaron a formar parte del Soviet Supremo de la URSS, junto a 954 hombres, 189 mujeres diputadas.

El reconocimiento de derecho a voto en favor de la mujer tiene, para nuestro país, gran importancia como lo demuestran los hechos.

El 51% de la población de Chile pertenece al sexo femenino. El 30% de la población activa del país está constituido por mujeres que trabajan en la industria, en el comercio, en la educación, en la agricultura, en la Administración Pública, etcétera.

Al lado de estas cifras, resulta absurdo que en las elecciones de 1945 votaran solamente 419 930 ciudadanos, o sea, el 70% de los inscritos, vale decir, el 8,4% de la población total del país.

Según estadísticas de 1943, terminaron los estudios de escuela primaria 10 165 niños y 10 449 niñas, terminaron la enseñanza media 1 228 varones y 974 señoritas y el número de mujeres que hacían estudios universitarios alcanzaba a 1 590. Estos datos demuestran, por su paralelismo, que el nivel de preparación entre hombres y mujeres es y sigue siendo cada día más semejante, lo que da mayor abundamiento a las razones que asisten a la lucha de la mujer por el reconocimiento de su derecho a participar activamente en la vida política de la nación.

Grande será, pues, la victoria que la mujer chilena va a obtener al aprobarse esta ley, pero estamos seguros que no se harán ilusiones con ella, es decir, que no dan por terminadas sus luchas.

En el siglo pasado, Federico Engels dijo que el sufragio universal, así como sirvió a la clase obrera para descubrir la verdadera causa de la desigualdad y de su esclavitud —el régimen económico capitalista—, serviría también a la mujer para enseñarle que la causa de su inferioridad social y política no reside en la desigualdad jurídica, sino en su dependencia económica con respecto al hombre.

La mujer chilena, al conocer todavía más de cerca los vicios y las violencias que corrompen y desvirtúan el sufragio universal, comprenderá también, junto con el pueblo, los intelectuales y, especialmente, con la clase obrera, la necesidad de organizar una lucha tenaz y pujante para hacer respetar el ejercicio del derecho de voto y para perfeccionar nuestro régimen democrático y dar a Chile una nueva Constitución Política más de acuerdo con el período histórico que estamos viviendo.

Con todo, este derecho, que ahora habrá de reconocérsele a la mujer, será de gran beneficio para la república, porque se doblará el número de ciudadanos que se preocupen de los asuntos públicos y que intervengan en ellos. Obligará a la mujer a estudiar, a analizar los problemas nacionales, a fin de contribuir honrada y patrióticamente a la lucha por darles una solución justa y conveniente. La nueva situación le permitirá salir, al menos en parte, del estrecho ámbito de las preocupaciones domésticas y habrá de enriquecer más su espíritu.

El derecho a voto permitirá a la mujer algo que es justo de toda justicia: intervenir en la dictación de leyes que ella misma tiene que cumplir y en el establecimiento de impuestos que también ella debe pagar como parte importante de un pueblo que sufre hambre y miseria y que anhela la conquista de mejores condiciones de vida y de trabajo.

La aprobación de esta ley abre a la mujer el camino para nuevas conquistas: el derecho de ser elegida, incluso para el cargo de presidente de la República.

Y le abre también el camino para luchar con más eficacia por eliminar las odiosas e injustas diferencias que constituyen una rémora en nuestra legislación, particularmente en el Código Civil, en el Código Penal y en el Código del Trabajo, el cual establece una igualdad de salarios que ha quedado solamente escrita en el papel y que concede a la obrera embarazada solo el 50% de su salario durante seis semanas antes y seis semanas después del parto, lo cual queda también para el papel, ya que, urgida por la miseria y el hambre, la obrera embarazada se ve frecuentemente obligada a trabajar hasta el último día.

Nosotros, los comunistas, rechazamos el feminismo aislado de la gran cuestión de la lucha por transformar la sociedad capitalista en una sociedad socialista y llamamos la atención de las mujeres, en general, contra elementos demagógicos, oportunistas, reaccionarios y traidores infiltrados en sus filas y que habrán de intensificar su acción, dentro del movimiento femenino, para confundirlo, desorientarlo y desviarlo de sus grandes objetivos progresistas y patrióticos.

Sabemos bien que hay centenares de miles de mujeres que no se forjan ilusiones acerca de su completa liberación dentro del régimen capitalista y que dan a esta conquista del voto la importancia justa que tiene, ni más allá ni más acá de lo que realmente vale como un paso hacia adelante. Esos centenares de miles de mujeres saben que su liberación completa será obtenida solamente por el camino del movimiento revolucionario socialista de la clase obrera, sea para la mujer obrera, sea para las mujeres de las demás clases sociales.

Por eso vemos con optimismo cómo va creciendo y creciendo el número de mujeres chilenas y, en primer término, de mujeres obreras que participan de más en más en las luchas sociales al lado del hombre, en las mismas filas de los gigantescos desfiles con que ha venido expresándose el movimiento progresista y patriótico del pueblo y de la clase obrera de Chile, y damos a su participación y colaboración todo el valor y la magnitud y trascendencia que realmente tienen.

Lenin dejó escritas estas palabras que desentrañaron una verdad histórica y que proyectaron hacia el porvenir una profecía y un mandato: «[…] la experiencia de todos los movimientos liberadores ha demostrado que el triunfo de una revolución depende del grado en que las mujeres participen en ella».

Hoy nos encontramos frente a la tarea de impulsar vigorosamente en nuestro país la revolución democrático-burguesa. Este objetivo nos enfrenta a duras, pero hermosas tareas constructivas: llevar adelante, con pujante ritmo, con audacia, con ímpetu inquebrantable, el desarrollo acelerado de la industria y la creación de la industria pesada; la modernización de los métodos de cultivo de la tierra; la incorporación a la producción de inmensas extensiones que permanecen improductivas por egoísmo o desidia de sus propietarios; el aumento de la producción agrícola hasta términos que permitan al pueblo alimentarse bien y exportar el excedente; el perfeccionamiento de nuestro régimen democrático y la convocatoria de una Asamblea Constituyente que dé a Chile una nueva Carta Fundamental consecuente con la época histórica que vivimos; la elevación del nivel social y cultural de nuestro pueblo; en fin, la tarea de convertir a Chile en una nación moderna, abundante y feliz.

Para el cumplimiento de estas grandes y patrióticas tareas, la aprobación del proyecto que discutimos entregará a la nación un nuevo contingente de fuerzas progresistas que llegará a las urnas en demanda de democracia, de libertad, de justicia y de progreso: la valerosa y heroica mujer chilena.

5

Condiciones de trabajo de los obreros del salitre

Miércoles 26 de febrero de 1947

Señor presidente, acabo de realizar una corta pero intensa gira por la pampa salitrera y quiero aprovechar estos minutos de la Hora de Incidentes para llamar la atención del honorable Senado sobre la condición de vida deplorable que llevan los obreros salitreros de Tarapacá.

Tuve oportunidad de preocuparme de recoger los datos necesarios: he convivido con los obreros, he dormido en sus habitaciones y en estos días he visto el trabajo en la pampa, en las máquinas, trabajos algunos que podrían citarse como ejemplos de los más duros realizados sobre la tierra. Sin embargo, los salarios apenas alcanzan a los obreros para cubrir los gastos de su alimentación y, naturalmente, no bastan para satisfacer ninguna necesidad de índole cultural, que son negadas a esos obreros que viven aislados del resto del país por la inmensa soledad del desierto.

En la oficina Alianza, de la Compañía Tarapacá y Antofagasta, hay seis baños de duchas para dos mil personas; las letrinas prácticamente no existen; en las habitaciones de los obreros no hay luz eléctrica.

En la actualidad, en una oficina independiente, la oficina Iris, se está desarrollando un movimiento de huelga que dura hasta la fecha más de treinta días, y en este momento una delegación de obreros inicia conversaciones en el ministerio del Trabajo. Por eso, mi intervención está encaminada a llamar la atención del señor ministro del Trabajo para que, al juzgar este litigio de la empresa «Iris» con los obreros, tome en cuenta la situación verdaderamente infernal en que esos obreros trabajan.

Esta huelga será juzgada por los agitadores de la derecha como provocada por los comunistas, como comúnmente se hace.

Señores senadores, los salarios de los obreros de Iris son como sigue: se pagan $10 a los solteros; $15 a los casados. Hay contratos de $7 para muchachos de 17 años que, preferentemente, están cogiendo muchas oficinas salitreras para el trabajo, porque pueden hacerse estos contratos abusivos, pagándoles hasta $5 diarios.

Las condiciones de vida son terribles en esta oficina. No hay un solo servicio higiénico en uso y la compañía ha procedido, me parece que como represalia por esta huelga legal, a cerrar los únicos baños que existían.

Tampoco hay luz eléctrica. Los obreros viven apiñados en las pocas habitaciones de que disponen. Hay algunas en que duermen hasta doce personas.

¡Cómo es posible, señor presidente, tolerar que nuestros compatriotas estén entregados a esta explotación ignominiosa!

Precisamente, en estos días, fui a hablarles de problemas de interés nacional, que ellos reclaman conocer; fui a hablarles de las inmensas posibilidades que abrirá a nuestro país el Tratado de Comercio con Argentina; les hablé del plan de aumento de la producción presentado al supremo gobierno por el Partido Comunista.

Ellos han escuchado con inmenso interés todos estos problemas públicos de vasta envergadura, pero no podía hablar con tranquilidad sobre problemas tan grandes, al ver la inmensa miseria en que se debatían.

El objeto de estas observaciones, que otra vez serán más extensas y con más detalles, es llamar la atención del señor ministro del

Trabajo, para que conozca estos datos y resuelva en justicia las peticiones de los obreros de Iris y, de una vez por todas, se reglamenten los servicios del trabajo y los inspectores hagan respetar, por lo menos, las leyes más elementales de higiene en estos campamentos.

[...]

EL SEÑOR NERUDA. ¿Me permite una pequeña interrupción, honorable senador?

EL SEÑOR RODRÍGUEZ DE LA SOTTA. Con todo gusto, honorable senador.

EL SEÑOR NERUDA. ¿Cree el señor senador que ese líder, si viniera a recorrer nuestras pampas, podría hablarles desde su conciencia a los obreros de la oficina Iris, por ejemplo, que ganan $10, $15, $7 y hasta $5 diarios? ¿Podría el señor Lewis hablarles a ellos de esta manera? ¿Es posible exigirles aumentar su rendimiento diario —a pesar de que nuestro partido está empeñado en lograr un aumento de la producción nacional y coincidimos en ello con la CTCh—, cuando no existen en sus habitaciones ni las más esenciales condiciones higiénicas, cuando no hay luz eléctrica para los trabajadores, no hay baños, y por estas razones han tenido que ir a una huelga legal todos los obreros de esa empresa?

6

Revolución en el Paraguay

Miércoles 19 de marzo de 1947

Señor presidente:

Creo no haber cumplido con mi deber hacia el pueblo paraguayo al no haber elevado mi voz antes de ahora para denunciar ante la opinión pública de nuestro país la grave y dolorosa condición de sometimiento que viene sobrellevando esa nación hermana por largos años, ante la impasibilidad de todas las naciones americanas.

Hoy quiero cumplir con este deber sagrado, al responder tardíamente a tantas quejas de intelectuales y obreros perseguidos por la dictadura de [Higinio] Moríñigo, mi primera palabra para desear, como demócrata y ciudadano de América, que el ejército revolucionario de Concepción triunfe en su movimiento, castigue al tirano y a sus cómplices, instaure el régimen constitucional y legal que ha proclamado como objetivo de su lucha y que toda esta crisis sea llevada a su punto final con el menor número de sufrimientos para el legendariamente valeroso pueblo de Paraguay.

Nada de estadista, de filósofo político ni de patriota tiene el pintoresco y sangriento Moríñigo que, con fuerzas tambaleantes, espera en un rincón de su satrapía la hora del farol para él y sus verdugos. Estas dinastías de tiranos feudales, caciques y matones sanguinarios levantan aún el látigo sobre pueblos hermanos de Chile y todavía, para vergüenza de la civilización, las cárceles del Paraguay, Ecuador, Nicaragua, Santo Domingo,[3] Honduras, se llenan con lo más granado del pensamiento democrático de esas naciones, cuyos amos terribles son sostenidos por el imperialismo norteamericano como dóciles instrumentos, como *yes men* instigadores y apoyadores del sistemático latrocinio de nuestra riqueza continental por los colonizadores y conquistadores de Wall Street.

El matón Moríñigo, como tantos otros, ha sido recibido en triunfo en Estados Unidos como representante extraordinario de un pueblo esclavizado y ha aceptado, en suculenta ración de dólares, el premio por mantener al Paraguay en inaudito estado de miseria y atraso, vendiendo a sus amos, por miserables dineros, lo mejor de su patria, a cambio de su permanencia encima de la pirámide de los sufrimientos paraguayos. Pero se acerca la hora de la justicia.

Detrás de Moríñigo, sapo de charca petrolífera, hay grandes y complicados intereses, los mismos que de una manera o de otra tejen la red succionadora del gran capital imperialista en nuestra América semicolonial.

El golpe del 13 de enero, en que la camarilla militar, el Guión Rojo, hace la «limpieza» del Paraguay, matando, torturando, encarcelando a comunistas y liberales, no fue solo un golpe criollo cuartelario, sino una conspiración más de la Standard Oil Co. y la eminencia gris de estas tenebrosas acciones ha sido el embajador de los Estados Unidos en Paraguay, señor Beaulac. Este representante del señor [Harry] Truman —no del pueblo norteamericano— ha gestionado persistentemente la ilegalidad del Partido Comunista Paraguayo.

Esto tiene una explicación.

El Partido Comunista Paraguayo ha sido el más tenaz enemigo de la arbitraria antipatriótica concesión petrolera del Chaco, por la

---

[3]   Se refiere a la República Dominicana.

que se concedió a la Standard Oil Co. 23 000 000 de hectáreas con derecho a extraterritorialidad por cincuenta años. El Partido Comunista se opuso a esta entrega de territorio y propició una Asamblea Constituyente que pudiera revocar este contrato o normalizarlo hasta que significara un contrato normal y no un atentado contra la soberanía de ese país hermano.

La presión imperialista hizo fracasar la posibilidad de un Tratado Comercial entre Paraguay y Argentina y obtuvo nuevas concesiones petrolíferas de Moríñigo. Consiguió, entonces, la ampliación del Plazo de Acción del STICA —Servicio Técnico de Cooperación Agrícola, organismo norteamericano—, y firmó un Tratado de Comercio y Navegación con Estados Unidos.

En pago de estos servicios, el embajador norteamericano hizo un rápido viaje a su metrópoli para obtener un nuevo préstamo que sostuviera a Moríñigo en el poder.

Había, pues, que acallar al Partido Comunista Paraguayo. Hay que paralizar la defensa de un pueblo y por esto los imperialistas y sus agentes, como hasta hace poco los nazis y sus agentes, antes de dar el golpe a la soberanía, persiguen, ilegalizan y combaten al Partido Comunista y llaman a toda su jauría de perros de presa para atacar a los comunistas.

Entonces Moríñigo y sus fascistas anularon las promesas solemnes del 11 de enero del año en curso, que tendían a constituir, en el aniversario patrio de este año, el 15 de agosto, la Asamblea Nacional Constituyente.

El campo de concentración de Peña Hermosa se llenó de militares democráticos y de toda clase de presos políticos. Quedaron fuera de la vida legal todos los partidos políticos, a excepción del Colorado. Moríñigo entonces clausuró los siguientes diarios y periódicos: del Partido Febrerista *El Pueblo, La Hora, La Antorcha* y *La Región*; del Partido Liberal *La Libertad*; del Radical *La Democracia*; del Partido Comunista *Adelante, Lucha* y *Patria Nueva*. Por un simple decreto, la Suprema Corte de Justicia fue supeditada al ministerio del Interior. Se removió a sus miembros, nombrándose presidente, en carácter vitalicio, al presidente del Partido Colorado, Dr. Mallorquín. Se anuló el *habeas corpus*. Al Guión Rojo, organización fascista oficial, se le proporcionaron armas y, así pertrechados, los sanguinarios sayones iniciaron la persecución, la tortura y el asesinato en gran escala.

Es el lógico camino de la tiranía. Primero se azuza a la guerra sagrada contra los comunistas, que forman el baluarte puro y valiente de la libertad, y luego caen todos los demócratas en el gran rodado que sepulta totalmente la libertad de un pueblo.

Aquí tenemos ya en las calles y en el Parlamento y en la prensa a los agentes de la represión contra el pueblo, construyendo también sus futuros sanguinarios Moríñigos. No es gratuito en ningún sentido, el hecho de que el diario *La Opinión*, tan estrechamente ligado al pequeño Partido Socialista de Chile, defienda a los criminales detentadores y usurpadores del Paraguay. No es extraño que Moríñigo apresurara sus medidas de represión y que en Chile, como en otras partes, se reúnan en fraudulentos frentes anticomunistas los reaccionarios, justamente después del discurso del minúsculo presidente Truman, sucesor del gran capitán de la democracia, Franklin Delano Roosevelt. Ya ha dado la orden el jefe del gran garrote. El cacique tatuado en el pecho con un dólar sangriento ha tocado el tam tam y se agrupan en la selva capitalista los explotadores y los traidores para dar una suprema batalla contra la libertad en el mundo.

Pero en el Paraguay, en nuestra pequeña república hermana, un grupo de patriotas de todos los partidos, civiles y militares, ha dado una contestación extraordinaria a estas maniobras tenebrosas. Por los mismos territorios entregados al imperialismo, pequeños soldados de la libertad paraguaya se acercan a la liberación de su patria de un tirano manchado por todos los crímenes contra su pueblo.

Doy la bienvenida a este movimiento de liberación del Paraguay y, con toda la fe americana y el amor a la libertad, eterno y viviente en nuestra patria, deseo la victoria definitiva de los patriotas paraguayos sublevados contra la tiranía y hago votos por que esta victoria y esta liberación, una vez conseguidas, no se desnaturalicen, no se tergiversen en nuevos caudillismos, sino que se engrandezcan y signifiquen para honor del Paraguay y de América entera.

7

Situación política en Nicaragua

Martes 3 de junio de 1947

Señor presidente:

Hace algunos años, en Nicaragua, atraído a una celda traidora, caía derribado para siempre uno de los más heroicos luchadores de nuestra América, el general [Augusto César] Sandino. El crimen causó estupor. Se le consideraba victorioso en su gallarda gesta de independencia, después de años de combate contra las guerras armadas del imperialismo norteamericano, que enarbolaban ayer como hoy la política del *big stick*, amenazando brutalmente nuestra independencia de pequeñas naciones.

Todo el mundo supo en Centroamérica que el arma asesina que así segara una gloriosa vida fue empuñada por un oscuro mercenario, llamado [Anastasio] Somoza que obedecía las órdenes de los irreconciliables enemigos de su patria, eliminando por el asesinato al gran obstáculo que encontraban los *trusts* fruteros y los militaristas norteamericanos para aniquilar la libertad de esa república y convertirla en una sórdida factoría colonial.

Se cumplieron las órdenes de los amos y, junto a los despojos sangrientos del héroe traicionado, se levantaron los primeros pasos de un típico caudillo de lo que ojalá llegue a ser la prehistoria política centroamericana. Somoza, cínico jefezuelo de un país desventurado, encarcela, deporta y asesina a sus enemigos políticos y, aceptando el precio pagado por la muerte de Sandino, se encarama al sillón del mando perpetuo como Moríñigo en Paraguay, como [Rafael Leónidas] Trujillo en Santo Domingo, como el carnicero Tiburcio Carías en Honduras, sentándose sobre el martirio de su pueblo en un trono de dólares y de sangre.

He podido ver en mis rápidos viajes por América Central, la desesperación de esos pueblos y no traería al Senado de Chile esta materia y estos acontecimientos, si no hubiera visto y recogido en la misma fuente dolorosa de estos padecimientos los ojos de Centroamérica puestos en Chile, en nuestra democracia.

A pesar de que las elecciones fueron una comedia organizada por Somoza, después de diez años los nicaragüenses han tenido por primera vez un hombre digno en la presidencia, S.E. el presidente de aquella República, señor [Leonardo] Argüello. Pero a las primeras manifestaciones de dignidad de este anciano de casi ochenta años, los sayones de Somoza han rodeado Parlamento y Palacio Gubernativo, encarcelado a los militares leales y a las autoridades, debiendo el presidente Argüello, como es del dominio público, asilarse en la embajada de México.

El presidente Argüello fue elegido con la anuencia de Somoza para ser un presidente títere, pero como tratara de paralizar las casas de juego, de las que Somoza y los oficiales de la Guardia Nacional sacan pingües ganancias, y tratara además de evitar que los soldados de esta guardia trabajaran en las haciendas de Somoza, ha estado en peligro su vida y este leve paréntesis de esperanza democrática se ha cerrado dejando adentro la ola de abuso, tiranía, corrupción y violencia que por largos años ha sepultado a la patria de Rubén Darío.

Quiero pedir al señor ministro de Relaciones Exteriores, apoyándome en sus numerosas decisiones democráticas que han elevado el prestigio de Chile en este último tiempo, nos manifieste su opinión sobre el cuartelazo nicaragüense y haga públicas las informaciones valiosas que sin duda existen en su poder sobre estos vergonzosos acontecimientos. No pongo en duda que Chile, que recientemente enviara un ministro para que nuestro país estuviera presente en la ceremonia de la transmisión del mando, dejará en claro que no reconocerá otro mandatario que el elegido señor Argüello, a pesar de todas las intrigas que en este momento maquina el dictador Somoza. No cabe duda que sus patrones del Departamento de Estado norteamericano lo protegerán de nuevo y que las cancillerías de los otros países de Centroamérica, oprimidos por regímenes parecidos se apresurarán a alentar a Somoza. Por eso estimo que no hay consultas que hacer y, por el contrario, corresponde a un país de profunda tradición democrática adelantarse a todos los otros del continente y desenmascarar las pretensiones del sátrapa nicaragüense.

Esto traerá inmenso reconocimiento de millones de demócratas centroamericanos hacia Chile y así no se defraudará a aquellos chilenos que al votar por el señor [Gabriel] González Videla[4] quisieron contribuir al engrandecimiento democrático no solo de nuestra patria, sino a la resurrección de la libertad en todo el mundo.

---

[4] En sus memorias dedica Neruda un espacio para detallar sus impresiones y valoraciones acerca de la naturaleza traicionera y ambigua de González Videla: «[...] Pronto se renovó la esperanza, porque hubo uno de los candidatos a la presidencia, González Videla, que juró hacer justicia, y su elocuencia activa le atrajo gran simpatía. Yo fui nombrado jefe de propaganda de su campaña y llevé a todas partes del territorio la buena nueva.

[...] Pero los presidentes en nuestra América criolla sufren muchas veces una metamorfosis extraordinaria. [...] El Judas chileno fue solo un aprendiz de tirano y en la escala de los saurios no pasaría de ser un venenoso lagarto. Sin embargo, hizo lo suficiente para descalabrar a Chile. Por lo menos retrocedió al país en su historia. Los chilenos se miraban con vergüenza sin entender exactamente cómo había ido pasando todo aquello. [...]». Pablo Neruda: ob. cit., pp. 227-228.

8

Sindicación campesina

Martes 3 de junio de 1947

Señor presidente, está en los últimos trámites, y seguramente será aprobado, este proyecto, hecho con un criterio de inquisidores y de policía y no con un criterio de legisladores y de seres humanitarios. Está bien o, más bien dicho, está mal.

Desgraciadamente, las observaciones, el veto del señor presidente de la República, no destruyen la malevolencia fundamental, la malignidad con que se ha elaborado esta ley monstruosa, en la que nosotros no colaboramos.

Sería largo redundar en razones que ya han sido expuestas desde estos mismos bancos.

Hace algunas semanas, la Alianza de Intelectuales de Chile, de la cual soy presidente honorario, se dirigió a un grupo de abogados que conocen en toda su profundidad nuestro sistema jurídico y les pidió un informe; lo tengo en mis manos y no deseo leerlo, porque es demasiado largo, pero pido al señor presidente que recabe el asentimiento de la sala para que sea publicado formando parte de las consideraciones que hago esta tarde para fundar mi voto.

Estamos, tal vez, en el segundo acto de este drama de los campesinos chilenos. El primer acto ha sido largo y terrible: han sido cien años, o más, de miseria, de hambre y de esclavitud. El segundo acto es esta ley inicua. Yo digo a los señores legisladores de la derecha, responsables del despacho de este proyecto, para que lo escuchen los campesinos de toda mi patria, que conocen quiénes son los responsables de las innumerables dificultades y tragedias que involucrará la aprobación de esta ley, les digo, con esperanza, que el tercer acto de este drama de los campesinos lo escribirán, posiblemente, ellos mismos, cuando puedan abolir estas leyes criminales que se quieren dictar.

[...]

El documento, cuya inserción se acordó, dice:

Santiago, abril 25 de 1947.

Evacuando el pedido de un informe de Derecho sobre el proyecto de ley, aprobado por el honorable Congreso, con respecto a la sindicación campesina, al señor presidente decimos:

[...]

De lo expuesto se desprende:

1. Los obreros agrícolas de Chile gozan del derecho de sindicarse en las mismas condiciones establecidas para los obreros de la industria.

2. Ni las autoridades administrativas, ni el Congreso Nacional pueden válidamente dictar disposiciones restrictivas del derecho de los obreros agrícolas a asociarse en las mismas condiciones establecidas para los obreros industriales, en tanto esté vigente la Convención Internacional aprobada en Ginebra el año 1921 y ratificada por Chile.

3. Cualquier ley o medida administrativa que infrinja lo dispuesto en el Convenio, es contraria a un convenio internacional en cuyo cumplimiento se encuentra comprometido el honor de la firma de la nación.

4. El Convenio Internacional del año 1921 sobre asociación de los obreros agrícolas, está en plena vigencia: no ha sido ni puede ser denunciado por no haber transcurrido aún los plazos que él mismo estipula y, aún para el caso de que se quisiera sostener que han pasado diez años desde su aplicación y por ello puede denunciarse, ello no ha sido hecho y si se hiciera, debería

dejarse transcurrir previamente el plazo de un año para que la denuncia tuviera efectos válidos.

5. El proyecto de ley aprobado por el Congreso, en cuanto establece condiciones restrictivas a la asociación campesina en relación con las normas fijadas a la sindicación industrial, importa un grave desconocimiento de las obligaciones internacionales contraídas por la República de Chile.

6. El desconocimiento del compromiso internacional colocaría a Chile ante la posible situación legal de tener que responder de su conducta ante el Tribunal Permanente de Justicia Internacional, con desmedro de su buen nombre de nación respetuosa de las obligaciones y tratados suscritos por sus gobiernos, sin perjuicio de las sanciones económicas de que podría hacerse posible.

7. El presidente de la República, en resguardo de las buenas relaciones internacionales, cuya custodia le ha sido encomendada por la Constitución Política del Estado, debe vetar el proyecto de ley en todo cuanto no se ajuste a los principios explícitos de la Convención de Ginebra sobre asociación y coalición de los trabajadores agrícolas.

9

Posición y acción del Partido Comunista

Miércoles 18 de junio de 1947

El presidente de la República ha formulado declaraciones contra el Partido Comunista en relación con las incidencias recientes en la huelga de choferes y cobradores de autobuses y microbuses.

Tengo la misión de referirme a estas expresiones y lo hago en nombre de la Comisión Política de mi partido.

Trataré de hacerlo con la elevación que corresponde a un partido que se distingue por su dignidad política y moral y por el respeto que le merecen los compromisos contraídos con la nación. Al país no le interesa una polémica entre el Partido Comunista y el presidente. Le interesa la solución de sus graves problemas.

Sobre la huelga de este personal, cábeme decir que su solución está finiquitándose en este día de hoy sobre las bases planteadas desde el primer momento por 106 obreros, o sea, el cumplimiento del acta de avenimiento firmada en diciembre del año pasado y que los propietarios han burlado durante más de seis meses.

Quiero agregar que de este personal de 3 000 trabajadores, solo hay 70 militantes comunistas y que en la dirección del sindicato, entre 11 dirigentes, hay 4 comunistas, elegidos por la abnegación y el sacrificio que han demostrado en la defensa del gremio.

El soplonaje policial, que el señor presidente prometiera suprimir por inútil y corrompido, ha tergiversado las informaciones sobre estas incidencias y ha alimentado, encubriendo sus criminales provocaciones, a la organización fascista llamada AChA, respecto de la cual se mantiene un riguroso silencio.

Estas organizaciones fraguaron el clima necesario para esta primera acción y fabricaron un informe falso para engañar al gobierno y luego estos hechos sirvieron para poner a la capital del país en un clima de intranquilidad gravísimo y en un estado de emergencia, en pugna con la ley y la Constitución y que hieren gravemente a las instituciones democráticas.

¿Cuál es la contestación de los comunistas a las comentadas declaraciones de un mandatario cuya llegada al sitial de los presidentes de Chile fue el fruto de una gloriosa, heroica y esperanzada lucha de las fuerzas democráticas, en especial de los militares obreros e intelectuales comunistas?

Nuestra respuesta al presidente consta solamente de tres palabras y queremos que las oigan con atención el Senado y todo Chile: Cumpla el programa.

Quiero recordar algunas circunstancias de la reciente lucha presidencial: los tres candidatos pertenecían a la clase media profesional e intelectual; los tres fueron considerados como personas de solvencia moral; los tres eran senadores de la República, y los tres fueron tratados de acuerdo con estos conceptos respetuosos por la mayoría de la población. A mí, como jefe de propaganda de la campaña del actual presidente, me correspondió fijar las líneas decorosas que permitieran la exposición de nuestras ideas sin llegar jamás al ataque personal a ninguno de los otros candidatos a la presidencia de la República, igualmente estimados por grandes sectores de la ciudadanía.

¿Qué distinguía, pues, a estos candidatos? ¿Cuál fue la herramienta verdadera del triunfo?

El Programa de Acción, elaborado por las fuerzas populares, a cuya cabeza actuaban estrechamente unidos los Partidos Radical y Comunista.

Así, la lucha democrática en esas elecciones extraordinarias se derivó a una lucha de principios y el resultado fue la victoria de aquel programa.

Aquel programa está en La Moneda, fue llevado allí por la inmensa aspiración del pueblo organizado. Aquel programa es jefe de gobierno y el pueblo de Chile, cuando mira el Palacio, no ve personas sino letras, letras de un programa que fueron alineadas en cientos de miles de ejemplares y que siguen conteniendo el sentido de la lucha democrática.

De ese programa mi partido no ha recibido observación alguna. No puede tener objeciones para los que le dieron vida, para las fuerzas que lo elevaron al sitial de las realizaciones y que permanecen inquebrantablemente leales a él.

En su declaración, el presidente de la República promete una vez más cumplir el programa antes jurado por él. Esta es la parte positiva de su declaración. Es, por lo tanto, para nosotros los comunistas, su frase más importante. Otros buscarán la querella artificial, a la cual nosotros no nos prestaremos. Las hordas de Olavarría se aprestan para lanzar a su gente armada a sembrar el terror, que buen resultado les diera con el asesinato perpetrado en los incidentes de la huelga de autobuses, y luego tratarán, como el criminal Caldera, de descuartizar nuestra democracia y enterrarla en pedazos.

Pero no solo estos elementos existen. Existe una conciencia popular, la que eligió un programa, la que triunfó el 4 de septiembre.

Esta conciencia popular también vigila y espera. No vigila como la fuerza retrógrada para impedir que el Presidente cumpla sus promesas, sino para impulsarlas y darles su apoyo, a pesar de toda la virulenta campaña desarrollada en prensa y radio contra el gran partido del pueblo, el Partido Comunista.

Las fuerzas reaccionarias exigen en estos momentos la capitulación del gobierno y el abandono total del Programa del 4 de septiembre.

Estos planes elaborados en el exterior datan en su actividad desde el anuncio de la doctrina Truman.[5] Esta doctrina ha comenzado dentro de los Estados Unidos su política de violenta represión antiobrera, que ha obligado al pueblo norteamericano a unirse, para defender las libertades y conquistas alcanzadas con Franklin Delano Roosevelt y Henry Wallace.

A tales ejemplos de sujeción han llegado las cosas que un grupo de dirigentes de la Sociedad de Fomento Fabril ha solicitado, antes de que espontánea y oficialmente se les enviara, el texto de la legislación retrógrada elaborada por los banqueros norteamericanos para aplicarla en Chile. La victoria de la oligarquía al obtener la aprobación de la inaudita ley de Sindicación Campesina fue solo el primer paso en esta campaña.

Esperamos, sí, que los industriales chilenos se convenzan pronto de que esta política, en caso de adaptarse, significaría el estrangulamiento de la industria nacional y la invasión definitiva del país por manufactura norteamericana.

¿Qué exigen de inmediato los monopolistas yanquis?

Exigen que el gobierno abandone definitivamente el propósito de crear la Corporación de Ventas del Cobre, llamada a dar al Estado intervención efectiva en el comercio internacional del cobre y a proporcionarle mayores recursos financieros en proporción al alto precio que ese mineral tiene actualmente en el mercado mundial.

---

5   La doctrina Truman fue enunciada ante el Congreso por el entonces presidente de los Estados Unidos Harry S. Truman, el 12 de marzo de 1947. Con ella la administración norteamericana extendía la problemática de la seguridad nacional más allá de las fronteras nacionales y hemisféricas, para hacer frente a la supuesta amenaza del comunismo. A través de estos postulados se materializaba lo que sería la más influyente doctrina de política exterior durante casi toda la Guerra Fría: la contención del comunismo.

Exigen que nuestro país abandone la realización de la clamorosa esperanza nacional de crear la industria petrolífera, presionando al gobierno para que se le entregue el petróleo sin refinar.

Exigen que Huachipato se convierta en una base económica, industrial y militar para sus planes de dominación mundial, en vez de formar el cimiento esencial de la industria pesada en Chile para asegurar nuestra independencia económica.

Exigen que aportemos nuestra cuota para atacar militarmente a los guerrilleros antifascistas que dieron libertad a Grecia por medio de una repentina y cínica exigencia formulada a la misión Del Pedregal para aumentar el pago de la deuda externa en la suma de seis millones de dólares, que nos hacen falta en forma dramática para nuestra industrialización.

Mientras tanto, se anuncia un proyecto de ley que, en vez de plantear la reforma democrática del sistema tributario, aumenta los impuestos sobre las masas y los disminuye para las grandes fortunas y se pretende estafar al pueblo en más de mil millones de pesos mediante el alza del precio del trigo.

En el paroxismo de la histeria anticomunista, los fariseos de *El Mercurio* y de los diversos felones ilustrados y sin ilustrar de la capital han esparcido en días recientes dos nuevas infamias. Una de ellas es que los comunistas quieren frustrar el viaje al Brasil del presidente y la otra que los obreros han disminuido premeditadamente la producción.

Hemos prestado nuestra aprobación al viaje presidencial sobre la base del aporte que podrá significar para la fraternidad entre nuestros pueblos y para el desarrollo de sus relaciones comerciales. Así como hemos sido los principales animadores y esclarecedores del proyectado Tratado Chileno-Argentino, combatiendo en todos los terrenos las maniobras de Wall Street y de la oligarquía, todo acercamiento económico e intelectual entre los países de la América Latina contará con nuestra decidida cooperación. Estos pasos significan el rompimiento de las viejas ataduras con los grandes consorcios imperialistas.

No podríamos pensar que el presidente fuese a dar su acuerdo a la aplicación de medidas policiales contra el movimiento de liberación en el continente.

El Brasil es un foco de persecución anticomunista desde hace años. Cábeme señalar solamente que el Partido Comunista estuvo en la ilegalidad durante 23 años y su dirigente máximo, el gran patriota brasileño Luis Carlos Prestes, fue encarcelado y mantenido en la incomunicación durante 11 años. La esposa de Prestes, nacida en Alemania, fue entregada por los perversos gobernantes brasileños a Hitler y luego asesinada por la Gestapo.

¿Qué resultó de esa persecución en aquel entonces inspirada por el Eje fascista?

Apenas salido de su prisión Prestes, apenas legalizado el Partido Comunista Brasileño, se convirtió en la primera fuerza política del Brasil, como en Francia y en otras Repúblicas.

Alcanzó a obtener en las últimas elecciones casi medio millón de votos.

A través de la persecución, el pueblo del Brasil había dado su fallo, había reconocido a sus leales defensores.

No sirvieron ni la calumnia, ni la persecución, ni la cárcel, ni el asesinato contra el Partido Comunista.

Hoy directamente exigido por Mr. Truman y su doctrina abominable, el Brasil ha vuelto al camino de la represión. Los locales comunistas son saqueados por la Gestapo brasileña al servicio del imperialismo para preparar un digno campo bordado de flores a la Conferencia de Cancilleres.

Pero el pueblo brasileño verá en el señor González Videla a un mandatario llevado al poder con la contribución inmensa del Partido Comunista chileno. Al aplaudirlo, aplaudirá el programa elaborado por las fuerzas democráticas de Chile, programa que el pueblo de Chile no olvida.

En cuanto a la reciente infamia número 2 sobre el trabajo lento, debo decir que en Chile hay trabajo lento y escasa producción. ¿Quiénes son los culpables de esto? Los culpables son los que se oponen a modernizar y mecanizar la agricultura y mantienen el campo en el antiguo régimen de la encomienda y del inquilinato, son los que, reacios a todo progreso, se oponen a introducir las más altas conquistas de la técnica y de la ciencia en nuestra producción industrial y son los que con un sistema de analfabetismo, salarios de hambre, alcoholismo, desnutrición y habitación degradada, están aniquilando de manera feroz la fuerza creadora por excelencia: la clase obrera.

En cuanto a la consigna comunista de trabajo lento, permítaseme que levante desde esta alta tribuna mi más enérgica protesta, ya que el Partido Comunista ha sido el primer partido en preocuparse de planificar el aumento de la producción y la industrialización del país, sobre la base, naturalmente, del mejoramiento del estándar de vida de nuestra población obrera, a través de la formación de comités de aumento de la producción con participación de obreros, patrones y del Estado. Además, el señor ministro de Economía acaba de desmentir oficialmente estos infundios.

Pero, en realidad, la contestación a todos estos ataques y a esta campaña de difamación la había dado ya nuestra última Conferencia Nacional. Los acontecimientos posteriores no han cambiado los resultados de aquellas deliberaciones, sobre las cuales quiero informar por primera vez al Senado, ya que esta reunión de los comunistas ha tocado a fondo los problemas de la hora presente.

Trescientos chilenos, miembros del Partido Comunista de Chile, se reunieron en una Conferencia Nacional entre los días 22 y 27 del mes pasado.

La prensa reaccionaria, los agitadores interesados, toda esa fauna venenosa que vive suculentamente como en un gigantesco caldo de cultivo, adherida a la prehistoria social de Chile, los campeones antisindicales, los mercenarios de la prensa «seria», los esclavizadores del campesino chileno, se echaron a difundir, una vez más, las consignas extranjeras sobre el partido del pueblo chileno.

Creo que la repetición de una calumnia hace que incurran en ella no solo los malvados, sino la gente honrada, a quien precisamente se trata de enredar en la miserable causa del extremismo anticomunista, envoltura transparente de la persecución antidemocrática.

Se insistió, pues, en que este partido, por una parte, iba a mostrar sus divisiones internas, divisiones que esperan desde hace mucho tiempo cándida e inútilmente muchos sectores que quieren debilitar la mayor fuerza democrática de nuestro país, y se dijo que los comunistas recibirían instrucciones de una lejana ciudad europea y, malévolos unos e ignorantes y engañados otros, propalaron insensateces y falsedades bien conocidas que me aburre y repugna enumerar.

¿Qué tiene este partido de extraordinario, que concita tantas violencias y conspiraciones en su contra?

¿Por qué tanto rencor azuzado en contra de una agrupación humana?

¿Por qué es elegida esta, entre las fuerzas democráticas, como blanco de ataques sin cuartel de todas las fuerzas tenebrosas del pasado?

¿Por qué se destinan millones de dólares en la persecución de estos ideales políticos?

¿Por qué en esta campaña anticomunista se cuenta con el soborno y con la falsificación casi diaria de documentos pagados a buen precio por ciertos sectores?

¿Por qué virtud se unen los más poderosos intereses, los monopolios de cuantía internacional, hasta los rapaces y codiciosos representantes criollos de las fuerzas del dinero en contra de un partido que en un principio no tuvo más fuerza que la de cien obreros de la pampa, a menudo martirizados, encarcelados o asesinados?

Todo esto lo va a contestar este examen de la Conferencia del Partido Comunista, que quiero hacer rápidamente para no fatigar al honorable Senado.

Antes que nada, voy a expresar mi limitada admiración por el inmenso progreso de nuestro pueblo, allí políticamente representado.

No se dirigieron aquellos delegados surgidos de la entraña del pueblo a recriminar a otros grupos políticos populares, no escuché en aquellos largos debates una intervención que trasluciera personalismos, divisionismos o ambición. Esta conferencia, esta discusión colectiva, trató con agitadora insistencia los grandes y pequeños problemas de nuestra patria.

Nunca olvidaré las palabras de María Ramírez, obrera textil, sobre derechos de la mujer en la legislación del trabajo, sobre salas cunas, sobre descanso maternal, sobre las luchas y preocupaciones de las mujeres.

No olvidaré tampoco a Hugo Vivanco, campesino de Aconcagua, hablando sobre los problemas agrícolas de su provincia, denunciando la política de la Caja de Crédito Agrario, favorecedora de los terratenientes y nunca dirigida a prestar ayuda económica a los pequeños y medianos agricultores.

Ni a Juan Yáñez, dirigente obrero del sur, quien pedía una política de mayor energía para detener los roces a fuego y expresaba su preocupación por la pérdida de esta riqueza y deseaba planificar y practicar una política de reforestación.

Ni al joven obrero ferroviario René Corbalán detallándonos los esfuerzos del gremio para aumentar la producción y cómo, con ideas salidas de los mismos, se ha descongestionado la carga, haciendo trabajar las locomotoras en *pool*.

Ni cuando Cipriano Pontigo examinaba, como técnico y político a la vez, las consecuencias de la sequía en el Norte Chico e indicaba hasta en sus detalles más pequeños una ayuda efectiva para los pequeños agricultores de esa zona, impulsando con una clarividencia extraordinaria las medidas de forestación que atajaran la marcha del desierto.

Ni el análisis que hizo Luis Valenzuela sobre la intensificación de la producción, sobre la Corporación de Ventas del Cobre y sobre una mejor política de cambios.

Los delegados campesinos de las lejanas islas del sur traían puntual relato de su vida en el durísimo clima de esas latitudes e ideas prácticas para mejorar los transportes y traer los productos sin especulación ni acaparamiento hacia los consumidores más necesitados del centro y del norte. Los mineros del norte, preocupados ya de problemas colosales por su repercusión en las finanzas de la patria; y la voz de los campesinos tocaban, por primera vez quizás, a las puertas de la patria para que se las abriesen y pasasen a incrementar la conciencia organizada que impulsaría nuestro desarrollo.

Tuve la sensación, en esta conferencia tan desprovista de politiquería, tan rotundamente patriótica y sensata, de ver el cuerpo de Chile, llegando, por fin, a su madurez.

Las partes más vitales, más íntimas y valiosas del organismo de la nación estaban allí representadas. De cada uno de los climas, de cada rincón de las provincias, de cada repliegue de nuestro vasto y áspero territorio había llegado allí un mecánico o un marino, un pescador o un empleado, un minero o un carpintero, un escritor o un inquilino, un ingeniero o un ferroviario, es decir, aquellos que cada día afrontan la batalla colosal del trabajo, aquellos que cada día llevan adelante el proceso de la creación económica. Todos esos representantes de los sectores obreros hablaban allí con la autoridad única de un pueblo que está dispuesto a conquistar su propio bienestar y la grandeza de la nación.

Todo esto revela que, gracias a la enseñanza y a la dirección del Partido Comunista de Chile, el pueblo ha llegado a ser mayor de edad. Aquel torneo mostraba las necesidades más urgentes y los caminos que debe recorrer nuestro país para solucionarlas.

No en balde el secretario general del Partido Comunista tituló su informe —que recomiendo a todos como texto de lectura patriótica— «Chile puede solucionar sus problemas».

Examina el informe, aprobado por nuestra conferencia, la acción de la oligarquía criolla, que antes encontró en Hitler base ideológica para su encarnizada lucha contra el pueblo chileno y luchó con todas sus fuerzas sociales y parlamentarias en contra de la ruptura con el Eje. Ahora esta oligarquía busca también su sustentación en la política agresiva de Truman y de los trusts norteamericanos, que hoy desean terminar con la independencia de las naciones hermanas de América, saqueando sus secretos militares, transformándonos en satélites coloniales de su política monopolista e interviniendo en los gobiernos nacionales para eliminar de ellos a los partidos que les estorben en su carrera de dominación.

Quiero recordar desde esta tribuna que en otro tiempo, cuando fueron los comunistas los primeros en luchar contra el nazi fascismo, se pretendió dar a esa trascendental advertencia, escrita con la sangre inicial de los trabajadores comunistas, el sentido de una lucha contra la cultura alemana, contra la civilización mediterránea y contra España, madre de pueblos. Trataron de esta manera de tergiversar criminalmente el sentido de la lucha antifascista, que precisamente quería libertar la cultura alemana, acercarse verdaderamente a la Italia popular del conocimiento y del trabajo y justificar nuestro amor por España libertándola de sus actuales verdugos.

Hoy también la lucha contra el imperialismo, en la cual no solo los comunistas participan, sino otros sectores dentro y fuera de los

Estados Unidos, quiere ser desvirtuada para hacer creer que lucha-
mos contra las tradiciones democráticas de ese gran pueblo, para
hacer que los ingenuos y las masas indiferentes crean que se trata
de una conspiración de un estado contra otro. Esto es mentira. Precisamente en nombre de la más viva tradición cultural y política
de los Estados Unidos de América del Norte, en nombre de esos
ideales traicionados de Jefferson y Roosevelt, muchos hombres nos
oponemos al regreso de la política imperialista.

Truman encabeza la negación y destrucción de todos los ade-
lantos sindicales en la clase obrera norteamericana y, en lo político,
su viraje hacia los enemigos de Roosevelt lo ha hecho un simple
personero de las fuerzas dominadoras de los trusts.

La prensa norteamericana, propiedad privada de chantajistas a
escala mundial, como Hearst y otros, se ha convertido en instrumento de esta política regresiva y no cumple su papel informativo,
sino que, alterando los más altos deberes de información, se ha
transformado en máquina de la delación contra el pueblo y contra
la inteligencia libre azuzando el chovinismo imperialista.

Esto no es Estados Unidos, no es, por lo menos, el gran país
que respetamos, el país de Lincoln, libertador de esclavos, de Walt
Whitman, hermano mayor de la poesía social del mundo. Es la
transformación de los ideales de una nación convirtiéndola en arro-
gante campeona de las fuerzas regresivas mundiales.

El informe del Partido Comunista nos alerta contra este peligro
y nos muestra que para cumplir estos objetivos de rapiña, los imperialistas plantean el falso dilema de comunismo o anticomunismo,
de totalitarismo rojo o democracia, presentándose como paladines
de esta última, mientras saquean, oprimen y explotan a los pueblos, negándoles sus derechos.

Sucede esto cuando la Unión Soviética entra a su segundo año
del cumplimiento del IV Plan Quinquenal, basado en la reconstrucción de sus ciudades e industrias arrasadas, en la continuación

de sus grandiosos planes para dar mejores condiciones de vida a sus numerosos pueblos, cuando una nueva democracia de sentido social se abre paso en Europa, a base de la reforma agraria en países tradicionalmente feudales, de la nacionalización de las industrias en países hasta hace poco tiempo amarrados en sus economías a los monopolios internacionales y de dar la tierra a los campesinos en regiones de Europa en que existía aún la servidumbre medieval.

Al mismo tiempo, mil millones de seres humanos en los países coloniales sacuden el yugo imperialista, se deciden a la lucha armada contra sus opresores o al ejercicio pacífico de sus derechos para constituirse en libres naciones que contribuyan a asegurar la paz y el progreso de la humanidad.

Así, pues, no se trata de una guerra entre Estados Unidos y la Unión Soviética, con la cual se quiere asustar a los timoratos y aplastar los movimientos libres de las naciones, sino de las convulsiones de un mundo que camina inexorablemente hacia el progreso social, económico y cultural que se le ha negado.

El informe central de la reciente conferencia comunista pone el dedo en la llaga cuando desenmascara el Plan Clayton y el Plan Truman. Estos planes quieren atar a nuestra economía y a nuestro Ejército encerrándonos en el cerco imperialista.

El Plan Clayton es la inmortalización de los sistemas primitivos de venta forzosa a los indígenas impidiéndoles su capacidad de producción. Quiere eternizarnos como consumidores de la manufactura norteamericana. El Plan Truman, en nombre de la defensa continental sobre la base de una amenaza que no existe y de la cual ya no se habla, quiere hacer de nuestros jefes militares ordenanzas de los generales norteamericanos y de nuestra tropa carne de cañón para las aventuras que decidan los amos de Wall Street y su servidor, Truman.

Pero, como dice Ricardo Fonseca, Chile no está en venta. Tiene fuerzas nuestra patria para encarar sus problemas y queremos la colaboración de todas las naciones, no la sujeción a ninguna. Por eso las Conferencias de Río de Janeiro[6] y la próxima de Bogotá[7] deben significar en América la voz de Chile encabezando las aspiraciones de nuestro pueblo que suman en realidad los deseos de independencia de todos los pueblos americanos. Si Chile, en Río de Janeiro y en Bogotá, no hace sino acceder y sacramentar los acuerdos de los monopolistas norteamericanos, perderemos una vez más la condición de guía y de defensor de las libertades democráticas que Chile debe ocupar en nuestra América.

Nuestros embajadores no deben hacer el papel que han hecho hasta ahora de enviados de los intereses norteamericanos, desprovistos de una visión clara y defensiva con respecto al futuro de Chile, que los hace ser en realidad simples mensajeros de la presión del gran capitalismo y portadores de tétricos mensajes que exigen la sumisión incondicional. Chile debe estar representado permanentemente, en las conferencias que sobrevengan, por patriotas

---

6   Celebrada en 1947, la Conferencia de Río de Janeiro resultó en la firma del Tratado Interamericano de Asistencia Recíproca (TIAR), pacto militar que amplió y extendió los compromisos contraídos en la Conferencia de Chapultepec. Su formación antecedió a la creación de la Organización del Tratado del Atlántico Norte (OTAN), junto a este formaba parte del sistema hegemónico global de la Guerra Fría. Colocó a los países latinoamericanos en posición de subordinación de EEUU en función de la lógica confrontacionista que marcó toda la segunda mitad del siglo xx del pasado siglo.

7   Se refiere a la IX Conferencia de Bogotá. Celebrada en 1948, en esta cita se concluye el proceso de reforma institucional regional que resultó en la constitución formal de la Organización de Estados Americanos (OEA) y la aprobación de su Carta. Desde ese momento, la OEA pasó a ser el mecanismo político para el control hegemónico del hemisferio. En esa misma conferencia se probó la resolución XXXII sobre la «Preservación y Defensa de la Democracia en América» con la que el anticomunismo se convirtió en base de la supuesta estrategia común contra un supuesto enemigo común.

La generalidad de los países latinoamericanos aceptó, de esta forma, la implantación de este sistema hemisférico orientado hacia la consolidación hegemónica de Estados Unidos, que constituyó en la práctica una alineación estratégica e ideológica del lado norteamericano de la Guerra Fría.

capaces de interpretar sin mezquindad los anhelos de independencia de nuestro pueblo.

Durante la permanencia de los ministros comunistas en el gobierno, estos lucharon dentro y fuera del gabinete por el cumplimiento del programa triunfante, programa que significa para nuestra patria el camino de su independencia dentro de una evolución democrática, de la cual somos los comunistas inflexibles campeones.

Como dice el informe de Fonseca, salieron los comunistas del gabinete en el instante en que luchaban contra las alzas de los artículos de primera necesidad y estamos presenciando ahora la inmensa mordida que las compañías extranjeras quieren dar al pueblo alzando electricidad, teléfonos y otros servicios.

Para estorbar la labor de los comunistas, no se ha trepidado en la calumnia y en la difamación contra nuestro partido y sus militantes.

El pueblo de Chile sabe, sin embargo, quiénes son los que están envueltos en situaciones escandalosas y la moral del Partido Comunista es reconocida y respetada con la más grande firmeza por todos los espíritus independientes.

Entiéndase claramente que nuestra política de unión nacional —que también se ha tratado de tergiversar— nos hace comprender que diversos sectores pueden colaborar en el cumplimiento del programa de la Convención Democrática Popular, pero, como dice Fonseca:

> [...] no podemos aceptar una política reaccionaria que, con la etiqueta de centro, está unida por un cordón umbilical con los sectores reaccionarios y solo tiende a eliminar a los trabajadores. Nuestra política de Unión Nacional tiene como motor al proletariado y excluye a los grupos de la reacción.

Se dirigirán, ahora, las maniobras de reaccionarios y centristas a exigir la salida del intendente de Santiago, porque ha impedido que 15 000 personas fuesen lanzadas a la calle. Han obtenido estas fuerzas antidemocráticas la dictación de la ley de represión en contra de los sindicatos en el campo y, en este mismo Senado, el senador Ocampo ha denunciado, con palabras imborrables, la sórdida, antinacional y cruel campaña de expulsión de los campesinos de los fundos donde han trabajado, según un ejemplo que él citaba, en ciertos casos hasta sesenta años seguidos.

El informe del camarada Fonseca cita las palabras del jefe de la Iglesia chilena, Cardenal Caro, que debieran también estar escritas en la cabecera de este Senado para que allí las leyeran los representantes de la Derecha feudal, que dicen ser cristianos: «Deploro que aún en los tiempos de tan avanzada cultura se encuentren hombres que, por la codicia de sus patrones o empleadores, vivan en inmerecida miseria y en condición peor que la de los antiguos esclavos que, al menos, tenían techo y comida en la casa de sus amos».

Mientras el jefe de la Iglesia atrae la atención nacional sobre el drama de los campesinos, ¿qué dicen sobre este drama aquellos que justamente debieran meditar y actuar modelando su pensamiento y acción en esta línea de justicia? Llegan hasta el Parlamento a convencernos de que los comunistas están agitando el campo y, como decía el honorable senador Rivera Baeza, estas condiciones señaladas por el Cardenal Caro se deben exclusivamente a los agitadores comunistas. Los trabajadores del campo, según este criterio, están convenciéndose criminalmente de que merecen usar zapatos y hasta es posible que estos agitadores les lleguen a convencer de la necesidad de leche y carne para sus familias y hasta son posibles otras aberraciones, como ver vidrios en las ventanas, atención médica y artefactos higiénicos.

El informe central rendido ante la reciente Conferencia del Partido Comunista señala claramente cada uno de los grandes problemas que afectan a la nación y que el pueblo sufre en carne propia y las medidas inmediatas que deben aplicarse, a fin de solucionar esos problemas. Esta conducta invariable del Partido Comunista revela su espíritu práctico, su plan de acción siempre concreto, sencillo y fácil de comprender, causa por la cual el pueblo lo acoge siempre y lo asimila, incorporándolo a sus luchas por el bienestar, por el progreso y por la grandeza de nuestra patria.

Graves son los problemas que nos afectan pero es posible solucionarlos con mayor o menor rapidez; al menos, es perfectamente posible adoptar ciertas medidas inmediatas que conduzcan a aliviar sus consecuencias o a suprimir las causas que los engendran.

Las medidas propuestas en el informe central son parte de un plan realista, armónico, coordinado, de aumento de la producción, que fue puesto en manos del presidente de la República oportunamente. ¿Cuáles son estas medidas aplicables? Voy a enunciarlas brevemente:

Eliminación de la especulación con drásticas medidas; formación de un stock, comprado por el Estado, a fin de organizar la distribución de ciertos artículos de consumo general (azúcar, trigo, harina, telas de algodón, etcétera); coordinación de la producción y del consumo, a través de la acción de industriales, agricultores y consumidores.

Construcción de viviendas, control de los materiales de construcción, a fin de impedir que sean malgastados en obras suntuarias, mientras no se solucione el problema de la habitación; prohibición de lanzamientos en la ciudad y en el campo; fijación de un máximo de renta.

Impedir que la tierra productiva sea dejada al margen de la producción, llegando incluso a la expropiación y distribución de ella; entregar tierra a los campesinos que desean trabajarla y que carecen de ella; creación de cinturones agrícolas alrededor de las grandes ciudades y centros poblados, a fin de aproximar y abaratar la producción alimenticia; organizar una mejor distribución del crédito agrícola en favor de los que realmente lo necesitan para cultivar sus tierras y aumentar su producción; distribuir las tierras fiscales de buena calidad a los parias del campo chileno.

Declarar caducado el contrato con la Compañía Chilena de Electricidad por incumplimiento del contrato; nacionalizar los ferrocarriles que se hallan en manos extranjeras y adquirir los particulares de utilidad nacional; garantizar el desarrollo e independencia de la industria del hierro y del acero nacionales; impulsar vigorosamente la industria de la minería; fomentar la industria pesquera y la industria química; crear una política realista, independiente y patriótica con respecto al salitre y al cobre; desarrollar la marina mercante.

Detener el proceso de la inflación; crear el Banco del Estado; mejorar las condiciones de vida y de trabajo, en general; orientar el crédito hacia la producción; modernizar los métodos de trabajo y la maquinaria en la ciudad y en el campo; implantación de la sobriedad en los gastos públicos y de un severo control en la administración pública; fomento de todas las actividades económicas que tiendan a la creación de la riqueza pública, al aumento del poder adquisitivo de la población, al reemplazo de lo viejo por lo nuevo.

Elevar el nivel social y cultural de todas las capas sociales de la nación; perfeccionar el régimen democrático; fortalecer la defensa nacional con la modernización, perfeccionamiento y democratización de las Fuerzas Armadas.

Hacer que la política exterior de Chile esté de acuerdo con las tendencias ampliamente democráticas del pueblo, de manera que Chile juegue un papel director entre los pueblos de América Latina y se coloque a la vanguardia de las naciones que se proponen asegurar la paz y el progreso de la humanidad en el seno de las Naciones Unidas a la cabeza de la lucha contra Franco y su régimen de persecución y de crímenes que ningún ser civilizado puede tolerar.

Naturalmente, la llave, la base granítica de tal política de democracia y de progreso es el proletariado chileno, la clase obrera en alianza con los campesinos, al lado de los cuales se halla la mayoría de la intelectualidad, es decir, la base para el éxito de esta marcha ascendente está en esas fuerzas revolucionarias progresistas que van eliminando o superando los obstáculos a fin de abrir a la humanidad su paso hacia nuevas transformaciones, en camino hacia la más justa organización de la sociedad, gracias al trabajo, a la ciencia y la cultura.

De la reciente Conferencia Nacional del Partido Comunista, de su informe central, de la discusión colectiva, del aporte de 300 chilenos que trabajan directamente en todas las labores constructivas de la nación, salieron naturalmente conclusiones y, por consiguiente, resoluciones, mandatos que valen no solo para los comunistas, sino para la clase obrera, para los campesinos, para los intelectuales, para todo el pueblo.

¿Cuáles son estas resoluciones?

Me limitaré solamente a enunciar la médula de estas resoluciones, sin perjuicio de tenerlas por incorporadas, en su texto mismo, a mi discurso.

Estas son las resoluciones del P.C., en su esencia:

1. Las fuerzas progresistas de todo el mundo van abriéndose camino hacia el porvenir. No es verdad que la lucha esté planteada entre democracia o reacción, entre avance o retroceso, entre independencia nacional o sumisión al imperialismo. Particularmente para Chile, la lucha está planteada entre cumplir el programa de gobierno o abandonarlo y esta pugna tiene que resolverse por el lado del progreso y no del retroceso. Hay que contribuir, pues, a la lucha por el progreso en Chile, en el continente y en el mundo, por el bien de todos los pueblos y naciones y por el bien de la humanidad.

2. El pueblo, fundamentalmente la clase obrera, debe estar alerta para defender la independencia nacional contra las amenazas que se alzan contra ella por parte de los monopolios norteamericanos.

3. El P.C. rechaza los intentos de dominación que el imperialismo norteamericano trata de llevar adelante por las vías económica y militar, con el propósito de convertirnos en instrumento de guerra y de impedir que nuestra nación progrese y se desarrolle en todos los aspectos, principalmente en la industria; el P.C. lucha por una política internacional independiente y democrática que se oriente por los intereses comunes a todas las naciones y no para favorecer al imperialismo norteamericano.

4. El P.C. saluda fervorosamente el fortalecimiento, y progreso extraordinario de la Unión Soviética para bien de la humanidad y los avances que van operándose en Europa gracias a la lucha de los pueblos; el P.C. saluda la lucha antiimperialista de los pueblos de Asia y África.

5. El P.C. llama a continuar la lucha contra Franco y exige al gobierno el cumplimiento de sus compromisos con el pueblo.

6. Llama también a la solidaridad con el pueblo paraguayo hasta obtener la liberación de la tiranía y el consiguiente impulso del progreso nacional del Paraguay.

7. El P.C. sostiene que Chile es capaz, por sus propias fuerzas, de resolver sus problemas y llama a luchar contra el derrotismo y a seguir el camino indicado por el pueblo en el Programa del 4 de septiembre.

8. La fuerza fundamental del progreso productivo chileno es la clase obrera, cuyo espíritu patriótico se ha manifestado ya y seguirá manifestándose en la lucha por la independencia económica y por el progreso nacional.

9. La salida de los ministros comunistas del gabinete fue una concesión al imperialismo.

Nuestros ministros demostraron en el seno del gobierno su capacidad y honradez y gozaron del amplio apoyo del pueblo. El pueblo comprende que las concesiones al imperialismo y a las fuerzas reaccionarias internas no son el camino que conduce al porvenir de Chile, al cumplimiento del programa de gobierno.

El P.C. apoyará al gobierno en toda política progresista y democrática y volverá a su seno si se organiza el gobierno amplio, representativo y realizador que Chile necesita.

10. El P.C. llama nuevamente a todas las fuerzas progresistas y democráticas de la nación a unirse para resolver nuestros problemas y para impulsar el avance de nuestra patria.

11. El P.C. denuncia el complot reaccionario y las maniobras que se ejercitan para desprestigiar al gobierno; denuncia especialmente la persecución contra los campesinos y llama a la solidaridad con ellos.

12. El P.C. apoya los llamamientos de la CTCh para reforzar su unidad, como fuerza fundamental de Chile.

13. El P.C. verifica con satisfacción el ascenso evidente operado en sus filas: la vanguardia de la clase obrera y del pueblo de Chile, que es la fuerza, el motor que impulsa la lucha por el avance hacia el porvenir de nuestra patria.

El Partido Comunista de Chile ha salido de su XIV Conferencia Nacional fortificado por su intimidad con los problemas del pueblo, afianzado por su granítica unidad y elevado en su nivel teórico y político.

Como dice el informe en sus líneas finales:

> El Partido Comunista ha surgido de las entrañas del pueblo y ha sido una fuerza fundamental en el progreso social, en la defensa de la soberanía de la patria y en la educación cívica de las masas populares. Su contribución a la unidad nacional para el apoyo de Chile a la causa mundial contra el fascismo, sus esfuerzos cotidianos por mejorar las condiciones de vida de nuestro pueblo, la defensa, afianzamiento y desarrollo del régimen democrático, su aporte a la solución de los problemas del país y su composición de obreros, campesinos, empleados, mujeres, jóve-

nes e intelectuales revolucionarios lo señalan como un partido eminentemente nacional, vinculado a todas las actividades creadoras del país.

Por esto, el pueblo rechaza indignado la calumnia de aquellos que pretenden presentarlo como un partido extranjero, en circunstancias que en nuestro partido no hay ni tienen cabida los especuladores, gestores, abogados y agentes del imperialismo internacional, como se ven a diario en las filas de nuestros gratuitos detractores.

Los comunistas nos sentimos orgullosos y llenos de fe en las nuevas tareas indicadas por nuestra conferencia. Nos guía una confianza indestructible en el destino de nuestra patria, destino basado en el progreso de nuestro pueblo.

No nos sentimos aterrorizados ante la campaña anticomunista extendida y agitada artificialmente. Sabemos de dónde viene y adónde va.

Sabemos que esta ola de reacción furiosa quiere apoyarse en las viejas capas feudales del mundo entero, en los enemigos del progreso en todos los sitios para inmovilizar la corriente creciente del progreso social.

Se quiere encasquetar un chaleco de hierro al mundo para impedir su crecimiento social.

Estamos seguros de que estas fuerzas retrógradas serán vencidas.

Los comunistas chilenos seguiremos con mayor firmeza la lucha en nuestro territorio por una vida más digna para el pueblo de Chile y saludamos la lucha de todos los pueblos por su liberación en todos los puntos de la tierra.

Tenemos confianza en el progreso del hombre y no creemos llegada una edad media capitalista, atormentada trágicamente; arruinada y entregada a la voracidad de los mercaderes internacionales, sino que sentimos el amanecer de una nueva época de transformaciones gigantescas.

Estas transformaciones serán la base de la victoria de los pueblos y darán un nuevo, profundo y fraternal sentido a la humanidad. Los comunistas militamos en esta lucha porque sus decisiones han de ser positivas y queremos colaborar desde ahora en el nuevo contenido de la época que viene. Nadie nos arrebatará este derecho que asumimos ni nos alejará de los deberes que nos imponemos en defensa de nuestra soberanía y del porvenir de nuestro pueblo.

Para impulsar en nuestro país estas transformaciones y para salvar a Chile de la catástrofe que lo amenaza, en nombre de la Conferencia Nacional del Partido Comunista formulamos un clamoroso llamamiento a las fuerzas democráticas y progresistas a reagruparse, antes que sea demasiado tarde, en un vigoroso movimiento de liberación nacional y social para defender la independencia y soberanía de Chile y para resolver con firmeza y decisión los más apremiantes y agudos problemas de la nación.

Dirigimos este llamamiento, en especial, al Partido Radical, que tiene como nosotros indestructibles compromisos contraídos con el pueblo y junto con el cual hemos librado grandes batallas democráticas y de avanzada social, a fin de unir cada día más estrechamente las fuerzas de la clase obrera, de la clase media y del pueblo para hacer marchar al país por la senda del progreso, cumpliendo con fidelidad el programa que acordamos realizar en la Convención Nacional de los Partidos Populares y Democráticos.

10

Conflicto obrero en la zona del carbón

Martes 14 de octubre de 1947

[...]

Señor presidente:

Nuestro país ha sido arrastrado a una situación extremadamente delicada, debido a la falta de una política realista, constructiva, eficaz, por parte del gobierno. Diversos problemas que afectan a todos los sectores de la población no han hecho más que agravarse día por día y ni siquiera se intenta abordar la solución de problemas fundamentales de la nación, enunciados particularmente en el programa sancionado por el pueblo el 4 de septiembre del año pasado.

El descontento se ha generalizado a todos los sectores políticos y sociales y han llegado a surgir la inquietud y la alarma.

Frente a la gravedad de este momento, el gobierno, pretendiendo desviar la atención pública de las verdaderas causas de la situación, se esfuerza y se empecina en dar un carácter sedicioso a un conflicto provocado por la intransigencia de las compañías y solo prolongado artificialmente por el capricho de un hombre, atribuye finalidades políticas a peticiones estrictamente económicas y trata, con avieso designio, de hacer creer que tiene extensión nacional, continental y mundial un movimiento local, circunscrito a la zona carbonífera.

La huelga de los mineros del carbón es la culminación de un conflicto que venía gestándose desde hacía meses, en cuyo proceso se observaron estrictamente todas las disposiciones legales del trabajo. Su origen es, única, exclusiva e intrínsecamente, económico. El desnivel entre los salarios y el costo de la vida ha llegado a extremos nunca vistos hasta hoy, aparte de que ya era de sobra conocido el hecho de que los salarios del carbón eran los más bajos que se pagaban en todas las industrias. Este hecho es conocido más allá de nuestras fronteras.

Precisamente, un cable fechado el 11 de este mes en Nueva York transmite algunos fragmentos de un editorial de *The New York Times*, el diario más influyente de Estados Unidos, directamente representativo del gran capital financiero. Dice textualmente:

«¿Están los mineros chilenos bien pagados, bien alimentados, bien alojados, con suficiente atención médica y una esperanza razonable de seguridad para cuando sean ancianos? La respuesta, evidentemente, es negativa».

De esta manera clara y concreta ve ese diario la «explicación sobre las causas básicas de la huelga del carbón en Chile».

Otra publicación norteamericana, la revista *Time*, de orientación política similar a la anterior, definitivamente anticomunista, analiza el mismo problema en un párrafo especial bajo el título de «Huelga sumergida». Dice así:

«El pedido de los mineros, que demanda $55 diarios mínimo de salario, ha sido rechazado. El ofrecimiento de la compañía de pagar un aumento de sueldo de un 15% no ha sido aceptado.

»La semana última, los mineros del carbón de Lota permanecieron en sus pequeñas y mugrientas chozas a la orilla del Pacífico. Y la huelga comenzó».

La vida

Los archivos del gobierno contienen informes sobre la miseria de Lota, acerca de las galeras de sus minas, que alcanzan hasta muy lejos bajo el mar, sobre la falta de viviendas y sobre sus niños desnutridos.

Uno de los informes dice que ninguna familia chilena puede subsistir con menos de $65 diarios. Pero Juan Soto, de 33 años, un típico minero, que ha extraído carbón de Lota 16 años, recibe $30 por 1 día de 8 horas de trabajo. Ni él ni su mujer ni sus tres niños recuerdan haber comprado jamás queso o fruta. Los Soto viven en dos cuartos, alumbrados a vela, en hileras de edificios de dos pisos. Cuatro veces al día, 30 minutos, tienen agua de cañería, pero la casa no tiene baño ni servicios higiénicos. De vez en cuando, la familia usa uno de los cinco baños colectivos que el gobierno ha construido.

Juan emplea 4 horas al día en ir y regresar de su trabajo, que queda a veces hasta cinco millas bajo el océano. Los túneles son calurosos y húmedos. En la gran mina de Lota ha habido 8 151 accidentes y 38 muertos en los últimos 20 meses.

La necesidad

Como la mayoría en Lota, Juan es comunista. El gremio a que pertenece también lo es. Este gremio, en el pasado, ha intentado algunas huelgas violentas; siempre las ha perdido. La semana pasada, el tono del gremio fue extrañamente moderado. Sus líderes parecieron tomar en serio las pretensiones de los propietarios chilenos y británicos de que los costos serían elevados y continuarían así hasta que no llegaran maquinarias pedidas a Estados Unidos.

Debido a la imperiosa necesidad que tiene Chile del carbón de Lota para hacer funcionar sus ferrocarriles y plantas eléctricas, el presidente Gabriel González Videla envió tropas a Lota, en uso de sus facultades de emergencia, a fin de ordenar a los huelguistas que volviesen a las minas con la oferta de un aumento de un 40% en los salarios. Al final de la semana, los mineros, sin embargo, mantenían su movimiento.

Entre nosotros, la prensa obrera, creada gracias al esfuerzo de los propios trabajadores, ha permitido difundir el conocimiento de las terribles condiciones de trabajo de los mineros del carbón, de la aniquilante miseria en que viven y de las horrendas catástrofes que, de tanto en tanto, arrojan un saldo de muertos y mutilados.

Más de una vez, en los últimos años, los mineros denunciaron la presencia de grisú[8] en la mina y más de una vez la imprevisión y el desprecio de las empresas por la vida de sus obreros originaron una nueva catástrofe.

Dentro de nuestro país y fuera de él, la subalimentación de los mineros del carbón ha llegado a constituir un ejemplo de vergüenza social, que es clásico ya en los círculos médicos y científicos. Algo semejante, si no peor, puede decirse del problema de la vivienda, agudizado a tal extremo que en muchas casas de solo dos piezas se amontonan hasta quince y más personas que deben ocupar sucesivamente unas mismas camas.

La tuberculosis y la mortalidad infantil alcanzan en aquella zona las cifras más altas que se registran en nuestro país. La brutal explotación de que es víctima allí el hombre alcanza por igual a niños y ancianos. He aquí dos casos concretos para ejemplo: Natalio Torres, gana hoy solamente $30 diarios, ha trabajado 69 años en la mina. Tiene ahora 78 años de edad y no le queda, seguramente, mucho tiempo para ser arrojado a la cesantía como un trasto viejo e inútil ya. Desiderio Aliste, que solo cuenta con 17 años, ha comenzado ya la vida de minero, cuyo fin puede ser la historia increíblemente absurda que acabo de exponer o bien la muerte en una

---

8   Grisú: metano desprendido de las minas de hulla que al mezclarse con el aire se hace inflamable y produce violentas explosiones.

explosión o el desamparo de un mutilado definitivamente incapacitado para ganarse la vida.

Condiciones de trabajo en la mina

Para dar una idea de las pésimas condiciones de bajo que existen en la industria carbonífera, bastan los datos que doy a continuación y que se refieren al número de accidentados que ha habido solamente en los meses de este año en las minas de Lota.

Enero	521 accidentados
Febrero	560 accidentados
Marzo	627 accidentados
Abril	555 accidentados
Mayo	529 accidentados
Junio	609 accidentados
Julio	649 accidentados
Agosto	509 accidentados

A estos accidentados hay que agregar 26 muertos, hasta el 8 de septiembre, incluyendo las 23 víctimas de la catástrofe ocurrida el 23 de junio en el pique Carlos Cousiño.

Condiciones económicas

De 9 350 obreros que trabajan en la Compañía de Lota, 5 698 ganan un salario que fluctúa entre $30, $30,60 y $31,60 diarios por 12 a 13 horas de trabajo; el resto gana un término medio de $35 a $40 diarios por las mismas horas de trabajo que los anteriores.

De 4 630 obreros que trabajan en la Compañía de Schwager, 3 500 ganan $31,20 y el resto, entre metalúrgicos y portuarios, un término medio de $35 a $40 diarios por una jornada de 12 a 13 horas.

En Lirquén, de 1 717 obreros, 1 500 ganan $30, 10 por una jornada de 10 horas y el resto $35 y $40.

En Plegarias, de propiedad de la Compañía de Lota, de 1 500 obreros, 900 ganan $30,60 por una jornada de 10 horas y el resto $35 y $40.

Costo de la vida en el carbón

¿Puede vivirse, a estas alturas del encarecimiento de las subsistencias, con semejantes salarios? De ninguna manera.

Para demostrarlo, doy a continuación una tabla de gastos de un minero, su esposa y dos hijos. A esto hay que agregar los alimentos que lleva el obrero al sitio de trabajo para poder resistir las 12 horas que está fuera de su casa por el hecho de trabajar horas continuadas y sus útiles de vestuario indispensables:

Carne, 1 ½ kilo diario	$9,00
Pan, 1 ½ kilo diario	$8,70
Azúcar, 1/2 kilo diario	$4,40
Grasa, 1/8 kilo diario	$4,00
Papas, 2 kilos diario	$4,80
Fideos, diario	$3,00
Porotos, 1/2 kilo diario	$4,20
Verduras surtidas, diario	$2,00
Yerba mate, diario	$2,00
Cebollas, diario	$1,00
Sal de cocina, diario	$0,40
Velas, diario	$2,00
Café, 1/8 kilo diario	$6,60
Carne, diario	$3,00
Pan, diario	$2,00
Café, diario	$1,00

Azúcar, diario	$1,00
Alpargatas, 4 pares al mes $25 c/u, diario	$3,20
Pantalón minero, 1 al mes $33 c/u, diario	$1,10
Total	**$63,40**

Este gasto diario de $63,40 suma, en los 30 días del mes, $1 902.

Pero, con un promedio de salario de $35 diarios, en 24 días de trabajo al mes, el minero reunirá solamente $840. ¡Ni siquiera la mitad de lo que necesita! Y en este cálculo no se cuentan los gastos de arriendo, vestuario, calzado, jabón, etcétera.

El carácter estrictamente económico que tiene este conflicto no puede, por lo tanto, ser falseado.

A este respecto, el diputado falangista, señor Bernardo Leighton, en su discurso del 11 del presente, junto con rendir un justo homenaje al patrimonio y buen espíritu de los mineros, emitió este juicio terminantemente claro:

> El conflicto del carbón, lo digo a plena conciencia, es, por encima de todo y a pesar de todo, el resultado de las condiciones económicas y sociales en que viven y en que sufren los trabajadores de las minas y de su legítima aspiración a defender los sindicatos, donde está su salvaguardia, con sus inalienables prerrogativas.
>
> Pero pasará el tiempo y la verdad recobrará su sitio. Entre tanto, yo, como chileno, me siento orgulloso de rendir homenaje a los trabajadores del carbón.

Los mineros del carbón, en los EE.UU., ganan actualmente US$1,75 por hora, en una jornada de 8 horas y se le abonan 2 horas más al mismo valor por tiempo empleado en viaje al sitio de trabajo o simple inactividad involuntario.

Esto significa, en moneda chilena, al cambio actual, la suma diaria de más o menos $900 y la suma mensual de más de $20 000. ¡Y ellos viven junto a grandes y hermosas ciudades y no duermen en los cubiles abyectos de Puchoco Rojas! Sin embargo, se declaran en huelga y no se culpa allí a Bulgaria ni a Checoslovaquia de esos movimientos, que a veces tardan semanas en resolverse.

Con frecuencia y particularmente a raíz del actual conflicto, se ha pretendido hacer creer que la producción de carbón ha sido disminuida deliberadamente por los mineros. Esta calumnia es desmentida en forma irrefutable por los siguientes datos estadísticos oficiales de la producción de Lota, donde trabajan 9 476 mineros.

Enero	74 251 toneladas
Febrero	68 251 toneladas
Marzo	73 953 toneladas
Abril	67 767 toneladas
Mayo	71 343 toneladas
Junio	67 724 toneladas
Julio	79 024 toneladas
Agosto	75 337 toneladas

Este aumento de la producción de carbón fue reconocido por el presidente de la República en su Mensaje al Congreso Nacional en mayo de este año.

Sin embargo, podría aumentarse la producción y así lo expusieron claramente los mineros en el Plan de Aumento de la Producción que presentaron a las compañías y al gobierno hace ya 4 años, al que aludió mi colega, el senador Contreras Labarca.

En ese documento los mineros se refirieron especialmente a la larga cadena de transporte que ha llegado a formarse entre los frentes de trabajo y la superficie, debido al alejamiento creciente de los sitios de extracción del carbón. Esto se debe a que la compañía se niega a emprender explotaciones nuevas en piques nuevos. Y esta es la causa del encarecimiento de los costos y del bajo rendimiento, de todo lo cual pretenden culpar injustamente a los mineros.

Desarrollo del conflicto

El 7 de agosto último los obreros del carbón presentaron a las empresas sus pliegos de peticiones, que también fueron dados a conocer a los ministros del Trabajo y de Economía y, a través de ellos, al presidente de la República.

Los obreros llegaron a concertar conversaciones directas con los representantes de las empresas, en presencia de los ministros mencionados, conversaciones que fracasaron debido a la intransigencia de las compañías.

Los pliegos siguieron el curso legal correspondiente hasta que las juntas de conciliación, agotados los recursos legales, dieron el pase a la huelga con arreglo estricto a las leyes.

La buena fe de los obreros se demostró una vez más al fijar el último día dentro del plazo legal para declarar la huelga. De esta manera se daba tiempo para que se buscase todavía una fórmula de arreglo.

La CTCh y la Federación Minera hicieron aún una nueva tentativa y el 4 de septiembre, a las 4 de la tarde, debían concurrir al ministerio del Trabajo los representantes de las compañías llevando una proposición de arreglo; pero, ante la sorpresa de los representantes obreros que allí estaban, se presentaron solamente a las 5 ½ de la tarde, expresando que la situación había sido arreglada ya en la presidencia de la República. Esta fue la última oportunidad que los obreros tuvieron para llegar a un entendimiento directo.

El gobierno estaba en conocimiento de las aspiraciones mínimas de los obreros del carbón, incluso había anunciado que, si llegaba a hacerse efectiva la huelga, dictaría un decreto de reanudación de las faenas, en el cual establecería diversos beneficios, porque, según su opinión, las peticiones de los obreros eran justas. En el ministerio del Trabajo llegó a comentarse, incluso, que en aquel decreto serían consideradas la mayoría de las peticiones de los obreros del carbón.

El conocimiento del decreto vino a defraudar por completo estas esperanzas.

Vacíos que tiene el decreto

Hay una observación fundamental que formular contra el decreto del gobierno. El conflicto siguió estrictamente todos los trámites legales hasta llegar a votarse y hacerse efectiva una huelga también legal que el gobierno, constitucionalmente, estaba obligado a respetar y hacer respetar. En virtud de esta consideración, el mencionado decreto es completamente injustificado e ilegal.

Pero tiene, además, otros vicios:

- Se trata de un decreto que no obliga a las compañías, por lo cual, si se rompe la huelga, después los obreros quedarían indefensos y las empresas no pagarían sino los mismos salarios de hambre de antes.

- El decreto no considera a toda la mina de Lirquén.

- No se modifican ni en un centavo los salarios de los barreteros, que efectúan el trabajo más sacrificado, y el de los metalúrgicos.

- Se arrebata a los mineros su conquista anterior de un 15% de premio de asistencia, a cambio de la cual se les da solo semana corrida, que no comprende las horas extraordinarias ni los días festivos.

¿Satisface el decreto del gobierno a los obreros?

La respuesta a esta pregunta la ha dado ya el comando de la huelga en un vibrante manifiesto que dice:

> El comando de la huelga llama a los mineros y metalúrgicos a mantenerse firmes y serenos en el desarrollo de nuestra huelga

legal y rechazar rotundamente el decreto de vuelta al trabajo, con el que se pretende quitar el derecho a defender nuestras justas peticiones presentadas a las poderosas compañías de Lota, Schwager, Plegarias y Lirquén, las que hasta el momento no han hecho ninguna proposición. Este decreto significa:

1. Control momentáneo gobiernista militar de las faenas mineras de la región. A la vez, llama a firmar nuevos contratos de trabajo, con lo que perderemos nuestra antigüedad para la indemnización de un mes por año de desahucio, en caso de despido por parte de las compañías.

2. Nos ofrece el pago de la semana corrida, pero nos roba el 15% de la asistencia semanal, que es conquista de pliegos anteriores y se nos ofrece $75 por casa, solo para los casados y que viven fuera del establecimiento.

3. En los aumentos de salarios no se ha considerado para nada a los barreteros y profesionales y no se les da la bonificación a los obreros del tercer turno ni la indemnización por años de servicios, que han ganado ya los obreros del salitre y del cobre.

Todas estas promesas contenidas en el decreto mencionado quedan terminadas con la aplicación del título 3, que dice: Las condiciones y modalidades de trabajo de este decreto regirán hasta que se solucionen definitivamente los conflictos colectivos suscitados y se aplicarán a todos los obreros que trabajen en el interior de la mina y superficie.

Con esto queda demostrado que la solución de este conflicto, por intermedio de este decreto, no es permanente, porque, en el momento que las compañías tomen nuevamente el control de sus minas, este aumento será anulado, porque las empresas no han ofrecido nada, sino que solo lo ha hecho el gobierno para que nosotros volvamos al trabajo y, con esta maniobra política, quitar la legalidad de nuestra huelga, que es justa y es legal. Esta misma maniobra se aplicó a los portuarios en Valparaíso y empleados de Chuqui y cuando las empresas recibieron nuevamente sus industrias, no reconocieron los aumentos decretados por el gobierno y sus huelgas fueron declaradas ilegales, cuando quisieron nuevamente hacer respetar sus derechos.

Nos amenazan con quitarnos las casas dentro del establecimiento si no aceptamos el decreto que ordena volver al trabajo. Pero el deber de todo obrero consciente es rechazar totalmente esta maniobra, que ya fue puesta en práctica en La Calera y conocemos sus resultados contra los trabajadores.

De nosotros, los mineros y metalúrgicos, depende que se respete el Código del Trabajo, en el que se garantiza el derecho de huelga para defender nuestras peticiones. No es de un régimen democrático solucionar los conflictos por medio de decretos que no sean solución a las justas peticiones de los obreros.

Cumplimos con nuestro deber de comunicar a los trabajadores y al pueblo que nuestros dirigentes se encuentran detenidos; nuestros locales, clausurados; las radios y teléfonos, controlados; tienen al pueblo como en una cárcel, sin poder salir ni entrar a nuestra localidad. Nos amenazan con seguir tomando medidas represivas, hasta con el más modesto militante de nuestros sindicatos.

El comando hace un fervoroso llamado a las FUERZAS ARMADAS que tienen el control de nuestro pueblo, que sepan comportarse, como siempre lo han hecho, manteniendo el alto prestigio de Chile, garantizando el libre juego democrático de nuestras organizaciones obreras. Por nuestra parte, los trabajadores sabremos mantener la tranquilidad en el desarrollo de nuestro justo movimiento legal.

HOMBRES, MUJERES, JÓVENES Y NIÑOS... llamamos a una férrea unidad para defender nuestros pliegos hasta obtener un triunfo total.

NADIE DEBE VOLVER AL TRABAJO MIENTRAS NUESTROS DIRI-GENTES NO NOS DEN CUENTA PÚBLICA DE LAS TRAMITACIONES DE NUESTRO PETITORIO.

¡VIVA LA UNIDAD DE MINEROS Y METALÚRGICOS!

TRANQUILOS Y SERENOS, PERO FIRMES EN LA LUCHA.

ADELANTE LA HUELGA.

EL COMANDO

Conocido el decreto del Gobierno y estudiado detenidamente por los dirigentes obreros, la CTCh y la Federación Minera elevaron al ministerio del Trabajo un documento en el cual pedían una aclaración de su contenido en los siguientes puntos:

1. Que se establezca en forma precisa si los aumentos y los beneficios que concede el referido decreto son aceptados por las compañías.

2. Que la reanudación de faenas no significa caducidad de contrato ni interrupción en los derechos adquiridos por los obreros durante los años de trabajo en la industria.

3. Que el porcentaje de aumento de un 30% y 40% que el decreto fija sobre los salarios bases, es extensivo también a todos los trabajadores a trato, como es el de los barreteros, metalúrgicos, cerámica, bahía, etcétera.

4. Que el pago de la semana corrida, es decir, del séptimo día, se hará sobre la base de fijación de un promedio diario sobre el total de lo ganado en seis días.

5. Que se confirme la distribución de $1 200 000 para mejorar las condiciones de los obreros metalúrgicos. Esta asignación especial es aparte del aumento del 30% y 40% general que les corresponde por decreto.

6. Que se fije salario mínimo diario o semanal para los barreteros de las minas de Lota.

7. Incorporados los puntos anteriores a la solución transitoria, se reanudarán las faenas y se continuarán las conversaciones entre las partes para la solución integral del conflicto.

8. Si no se produjese acuerdo entre las partes, se iría a un arbitraje tripartito o único.

En este arbitraje, se tendrían por incorporados los beneficios concedidos por el decreto y la discusión de los pliegos se haría tomando como base tales beneficios para mejorarlos y resolverlos sobre los puntos pendientes de cada uno de los pliegos.

9. Con el fin de garantizar la continuidad legal del conflicto y de los beneficios, solicitamos que las compañías firmen un acta, aceptando las resoluciones del decreto.

10. Es condición indispensable para dar término al conflicto que se reanude el funcionamiento legal de las organizaciones sindicales y la vida regular de las poblaciones del carbón. Además, deberá dejarse en libertad a los obreros detenidos y garantizar que no habrá represalias de ninguna naturaleza.

Los respectivos sindicatos deben efectuar amplias asambleas, con el fin de que sus dirigentes y las organizaciones centrales les den cuenta sobre el alcance del decreto y la forma en que se continuará discutiendo el conflicto.

Finalmente, los dirigentes suscritos expresamos que toda la tramitación relacionada con la solución del conflicto debe realizarse por intermedio de los organismos del trabajo y con el respaldo legal correspondiente.

En nuestro deseo, que sean el propio señor ministro, conjuntamente con los dirigentes de los sindicatos, de la CTCh y de la Federación Minera, quienes informen a los obreros en sus respectivas asambleas.

¿Qué secreto hay en todo esto?

¿Por qué no se soluciona la huelga?

Ayer, sintonizando la radio del Partido Radical, Radio Corporación, escuché algo que todo el país debe conocer. Respondiendo el locutor a la pregunta formulada por muchos auditores en el sentido de que se les esclareciera quién se oponía a la solución del conflicto carbonífero, contestó: Los obreros han insistido en la necesidad inmediata del arreglo.

El senador [Neruda] que habla conversó con una delegación de Partidos de Izquierda de Concepción, presidida por un radical, que solicitó ser recibida por el presidente de la República. Este rechazó abruptamente tal petición. Han intervenido destacados políticos de derecha en idéntico sentido y se les ha contestado con la misma terca negativa. Los mismos dirigentes de la industria afectada han ofrecido allanar el camino a una solución, pero el señor González Videla les ha manifestado que no acepta ningún arreglo, que la huelga no es un problema económico sino de política internacional, una primera batalla en la 3ra. Guerra Mundial.

O sea, la única persona que se opone a solucionar la huelga es el presidente de la República.

Asuma él, pues, todas las responsabilidades derivadas de las pérdidas que irroga a la producción, de los daños que causa a la población tal estado anormal de cosas, mantenido artificialmente y por la fuerza.

Así, pues, no se ha vacilado en llevar este movimiento, surgido como tantos otros del hambre y de la angustia, a un plano nacional y luego internacional, haciendo del valiente grupo de obreros de las minas el objeto de una de las más deleznables provocaciones de nuestra historia política.

Dirigidos por la Gestapo argentina y por la policía norteamericana dentro de nuestro país, los falsificadores de documentos, encabezados por el Fouché del régimen, Brun d'Avoglio, que hace apenas treinta y cinco días fabricara también un atentado comunista, el de las bombas en las casas de los señores Olavarría e

Ibáñez, se han lanzado ahora en gran escala con documentos fraudulentos y adulterados para demostrar la existencia de un complot yugoslavo en Chile.

Este complot sintético, sobre la base de una carta falsificada y de informes confidenciales saqueados a legaciones extranjeras, ha tenido como fin calumniar al movimiento obrero chileno y a su partido de vanguardia y romper relaciones con un grande y noble país que renace del desastre a una nueva vida de realizaciones, llena de reformas profundas y pacíficas.

No quiero detenerme a examinar este ridículo sainete de estilo pobre, escrito por la Gestapo extranjera y por el Ponson Du Terrail de La Moneda, Darío Poblete, y pido que se nombre una comisión solicitada por mi partido, un tribunal de honor que investigue hasta el último detalle este asunto.

El Partido Comunista propone los nombres de los senadores Arturo Alessandri Palma, Eduardo Cruz Coke, Gustavo Jirón, Salvador Allende, del exministro Eduardo Frei Montalva y del senador que habla para que sean designados e investidos de plena autoridad y atribuciones para examinar documentos, citar personas y ordenar todas las diligencias que lleven a establecer la verdad de los hechos.

Además, en nombre de la Comisión Política de mi partido, ya que se ha solicitado la intervención extranjera y en especial la del general [Juan Domingo] Perón y siendo Chile y Yugoslavia miembros de las Naciones Unidas, propongo que se eleve este caso al seno de esa entidad, acompañando todos los antecedentes necesarios.

Pero no creemos que el gobierno se atreva a dar este paso, ya que, como calificara *The New York Times*, se trata de un asunto fabricado para el consumo interno.

Morirá este incidente en el chiste de TOPAZE y en el desprecio de miles de hombres, empezando con el desprecio de 19 000 obreros del carbón hacia la burda patraña destinada a ocultar la incapacidad de resolver los problemas de conspiraciones de bolsillo de que padecen estos inventores sin gracia, sin vuelo ni escrúpulos. Pero este incidente es un monumento a la deslealtad y también una cortina para ocultar los posibles crímenes que se están tramando.

El presidente de la República, que encabezara en Chile la Comisión Chilena de Solidaridad con el pueblo argentino antes que se sintiera alma gemela del general Perón, no ha vacilado en mantener largas conversaciones con éste, las que se han traducido en algunas detenciones de dirigentes obreros argentinos y chilenos.

Sin duda, los mismos policías argentinos que han venido como huéspedes ilustres de La Moneda tendrán en sus archivos más de algún documento emanado de la Comisión Chilena de Solidaridad contra Perón y firmado precisamente por aquel que hoy solicita su ayuda.

También proyecta el gobierno expulsar a centenares de refugiados españoles, entregarlos a la Argentina y luego a Franco, perpetuando, a iniciativa de la policía norteamericana, un crimen que clamará al cielo, moverá a indignación al mundo entero y recaerá sobre todo Chile. Así se trata de borrar definitivamente el generoso acto de la presidencia de don Pedro Aguirre Cerda, que llamó a estos patriotas españoles para que aquí vivieran como viven, trabajando pacíficamente, y no para que fueran entregados a sus verdugos.

Pero la red de provocaciones no terminará. Se trata de planes largamente estudiados para destruir nuestras instituciones y el principal propulsor de este ataque corrosivo a nuestro sistema democrático está ocupando un alto sitial adonde fue llevado por el pueblo para cumplir un programa y no para consumar graves atentados a las libertades públicas.

¿Para qué se emplea, con inmensos gastos de nuestro presupuesto escuálido y en una misión ingrata que está fuera de las funciones militares, una cantidad monstruosa de soldados, marinos y aviadores en la zona del carbón? Para desprestigiar a nuestras Fuerzas Armadas.

El plan consiste en enfrentarlas a un pueblo que exige el cumplimiento de sus peticiones justificadas para que aparezcan entonces estas Fuerzas Armadas como oponiéndose a sus reivindicaciones. Pero los planes no están saliendo como lo desearon los provocadores. Los mineros hicieron una ovación a los soldados que entraban. Así demostraron su respeto y su cariño por nuestro Ejército, enviado mecánicamente a ejecutar actos extra y antiprofesionales que pueden empañar su decoro y su prestigio.

Cada día vemos que altos oficiales son designados en cargos civiles, como si se quisiera demostrar que no hacen falta en el regimiento o división en que prestaban los servicios para los cuales el Estado les ha proporcionado una alta y digna educación. Se les nombra en todos los sitios para desempeñar tareas que no les competen y gastarse en faenas que pueden ser realizadas por especialistas y profesionales.

Mientras tanto, la censura de prensa no permite al país darse cuenta de la realidad y de la intimidad de los hechos. Todos los diarios de Concepción y varios periódicos de todo el país están censurados. Las radios de Concepción no pueden informar la verdad de lo que ocurre. Mientras tanto, *La Hora* y *La Nación* se han transformado en receptáculos de bajeza y varios de sus periodistas, antes «campeones de la libertad de prensa», se han convertido en despreciables corifeos, en vulgares «pateros», como los llama el pueblo.

Aquí tengo ejemplares del diario *El Siglo,* aquel que en la campaña presidencial fuera el gallardo impulsor de una candidatura popular y al que debe el actual mandatario gratitud y respeto que no ha tenido, como lo voy a demostrar.

Desde hace diez días *El Siglo* está sujeto a censura. Los censores se cambian, reclutados entre policía política, aquella que el presidente González prometió suprimir por inútil y corrompida y que hoy es la columna favorita de su gobierno.

El Siglo no puede publicar hoy que está bajo el régimen de censura. ¿Por qué no puede hacerlo? Voy a explicarlo al honorable Senado.

Es para que el público crea que el Partido Comunista no se defiende de las calumnias que se le imputan, es para que los mineros se sientan abandonados, es para que no se conozca opinión alguna que no sea la de los diarios reaccionarios o la de los periodistas pagados por el gobierno.

Aquí tenéis una hoja censurada por este régimen democrático.

Podéis ver fácilmente que no puede este periódico publicar noticias ni comentarios sobre los más lejanos tópicos, ajenos totalmente a los problemas creados por la empresa de Lota y Coronel.

Aquí, en este periódico, en esta hoja censurada, que enviaré a la Biblioteca Nacional para que se conserve como testimonio histórico del régimen González Videla, están tachadas y no deben aparecer las siguientes materias:

1. No se puede tratar del Proyecto Financiero del gobierno.

2. No se puede dar noticias sobre la solidaridad obrera hacia los huelguistas del carbón.

3. No se puede hablar del imperialismo norteamericano.

4. Se ha impedido la publicación de un artículo, por lo demás ya publicado en la revista *Política y Espíritu*, de la Falange, y firmado por Eduardo Frei.

5. Se ha prohibido publicar acuerdos de la Federación de Estudiantes en defensa de la libertad de prensa y opiniones en el mismo sentido de parlamentarios radicales y liberales.

6. Se prohíbe todo ataque al dictador fascista de España, Francisco Franco.

¡Qué lejos está el tiempo en que el señor González Videla presidía también la Comisión Hispano-Chilena en la lucha contra Franco!

Hoy sus testaferros impiden la expresión de toda crítica. Es que hay cambios explicables. Ese organismo puede haber permitido el mimetismo de algunos para que, encubiertos en el manto de la lucha popular, llegaran al poder a quemar sus convicciones y a atropellar cuanto antes defendieron.

Con las rayas del censor, esta página de un diario chileno, ávidamente leído por miles de lectores, con estas manchas azules dejadas por la mano de la opresión, parece en realidad el mapa de la infamia.

El gobierno puede arrasar con las libertades públicas, puede insultar a los partidos que lo llevaron al poder, puede fabricar subversiones sintéticas, pero al mismo tiempo quiere cerrar la boca a los que calumnia para que estos aparezcan como culpables ante la opinión pública.

Pero estos sistemas han sido ya ensayados vanamente. Hace poco, el propio señor González Videla, como si su conciencia quisiera advertir el peligro que él mismo estaba encargado de desencadenar sobre la clase obrera, decía en un discurso desde La Moneda:

> Esto es lo que quieren, señores, los fascistas disfrazados que todos conocemos en este país. Y yo los temo mucho más, porque los vi actuar en la noble Francia a los negros Lavales de la izquierda como a los hombres de derecha.
>
> El movimiento anticomunista, en el fondo, es la persecución, la liquidación de la clase obrera.
>
> Cuando las fuerzas del señor Hitler penetraron en Francia y se tomaron París, los soldados nazis no anduvieron pidiéndoles a los obreros el carné de comunistas, sino que bastaba que fueran obreros, bastaba que fueran afectos a un sindicato, bastaba que pertenecieran a una organización sindical para que fueran perseguidos, encarcelados y condenados a trabajos forzados».
>
> Esto es lo que pretende esta gente: No solo explotar el miedo contra el comunismo para intimidar a las clases productoras de

este país, sino, en el fondo, perseguir a la clase obrera, disolver los sindicatos y que los obreros no estén asociados ni disfruten de los derechos sociales, los que yo estoy dispuesto a respetar como siempre los he respetado.

Desde esta tribuna, hago un nuevo llamado a los productores, a los industriales de este país: yo les pido que no se dejen seducir por esta campaña, que está llamada a provocar la guerra civil entre nosotros. Porque estos caballeros que predican el anticomunismo, vosotros lo sabéis y recientemente lo habéis visto, terminan siempre pidiendo gobiernos de fuerza, gobiernos de dictaduras que, como ustedes lo saben, siempre terminan con manifestaciones sangrientas, disputándole y arrebatándole los derechos al pueblo.

Yo estoy aquí, pueblo de Santiago, para decir a ustedes, a los agricultores, a los industriales, que el presidente de la República garantiza al país, como lo ha garantizado en estos 120 días que lleva al frente del gobierno, el orden constitucional de la República. El pueblo y el Partido Comunista han sido respetuosos de las garantías constitucionales y el país no puede, en consecuencia, ser dominado por el pánico que quieren sembrar nuestros enemigos, a fin de que el gobierno se divorcie definitivamente de las masas populares y que se transforme en una fuerza de ataque contra las clases trabajadoras.

Quiero que lo sepan mis enemigos y que lo sepan también mis amigos productores, agricultores, a quienes yo les extiendo generosamente mi mano para ayudarlos, que no habrá fuerza humana ni divina que pueda jamás divorciarme del pueblo, que haga que yo le dé vueltas las espaldas.

Pero vosotros, obreros organizados, obreros de la CTCh, obreros de la Falange, del Partido Radical, del Partido Comunista y del Partido Socialista, tenéis también que ayudarme para poder detener esta campaña que es de mucho más peligrosas proyecciones que las que podéis imaginar. Ya vuestros dirigentes están cooperando en la forma más enaltecedora y patriótica que un jefe del Estado puede esperar.

No solo las espaldas ha dado al pueblo el actual mandatario. Ha hecho algo más grave, ha dado vueltas a su corazón y su cabeza. Ha olvidado su corazón a aquellos que lo eligieron, a aquellos que se rompieron las uñas escribiendo su nombre por las calles y los caminos de la patria. Su cabeza ha olvidado la sensación del equilibrio y la justicia.

Se queja el gobierno de la división de la Izquierda. Que se busque al autor, al único divisionista de la izquierda, entre las paredes de piedra del Palacio.

Allí está el que impide la unidad de los partidos y que, con su acción, está destruyendo su propio partido.

El gobierno esparce la corrupción política por medio del terror administrativo, de la desfiguración de los hechos, de la falsificación de documentos, de la fabricación de complots y hasta los almuerzos de la casa de gobierno han pasado a ser resortes de soborno de las conciencias.

No se permite a los parlamentarios de partido alguno visitar la zona del carbón.

Se pretende quebrantar una huelga legal por medio de las bayonetas y por medio del hambre. Se ha llegado a acusar a los mineros de acaparadores de comestibles.

Sería grotesca y ridícula esta farsa, si no pudiera convertirse de pronto en un drama para toda nuestra patria.

¿Y desde cuándo se prepara? A este respecto, debo informar al Senado que el presidente de la República, en entrevista concedida a un corresponsal del *News Chronicle*, periódico inglés de millones de ejemplares de circulación, declaró que la guerra ruso- americana estallaría dentro de tres meses, es decir, hace ya más de un mes. Según las mismas declaraciones, la salida de los comunistas de su gobierno no se debía a ninguna divergencia, así lo declaró, sino a esta situación internacional.

El presidente de la República ha sido un mal profeta.

Pero, sobre la base de esta guerra, se ha seguido especulando hasta llegar al punto en que estamos y en que se utiliza el viejo recurso del complot sintético. Según dice el gobierno, se perseguiría con él que Chile no abastezca de materias primas a los EE.UU. en una guerra que ha declarado ya el presidente de la República y que no existe sino en su deseo, pues parece ansioso de ella y viene pronosticándola desde hace algún tiempo para el juego de la política local.

Pero hay gente que vive en el centro mismo de la provocación internacional y que ve mucho mejor la realidad. Esta gente no se deja embaucar por novelones truculentos de los provocadores de la guerra y miran hacia adelante, hacia el verdadero camino de paz de los pueblos, desentrañando las raíces y las causas verdaderas de la inquietud mundial.

Precisamente el cable de esta mañana nos trae la noticia de que el senador demócrata Claude Pepper manifestó que «el enemigo no es el comunismo, es la inflación, el derrumbe económico y una política exterior que engendra la guerra».

Sin nombrar a nadie, el senador acusó a los representantes de los monopolios económicos de los EE.UU. y a los militares de haberse unido para asegurarse el control de América en una ola de reacción histérica. Hizo un llamado a los delegados del CIO para que pacten con los elementos liberales del país y se forme una coalición semejante a aquella que en cuatro oportunidades elevó a Roosevelt a la presidencia.

Vemos, pues, cómo la política que se sigue en Chile es dictada desde los EE.UU. por Truman y Marshall y cómo esta política es allí mismo denunciada y atacada por su contenido de avasalladora influencia que se pretende llevar todavía más adelante.

Otro profeta, el señor Rosende, declaró en San Felipe que solo una conveniencia internacional impedía la unión de la izquierda; una combinación a base de radicales y comunistas —dijo el señor Rosende— sería amenazada por una intervención extranjera, con trastornos de orden internacional que pondrían en peligro nuestra propia estabilidad constitucional.

Como se ve, el señor Rosende es de una claridad absoluta. Confiesa que la política interna de Chile, por lo menos la suya, está manejada desde el extranjero.

Mucha guerra, mucho Estados Unidos..., pero yo pregunto: ¿dónde está Chile?, ¿o acaso Chile no tiene importancia?

¿Dónde está el programa del 4 de septiembre, cuya sola mención está expresamente prohibida en la censura del diario *El Siglo*?

¿Dónde está la solución de los problemas cada vez más angustiosos y terribles para nuestro pueblo?

Ya no se habla de eso. Hay una tarea más importante para el gobierno: amordazar a la prensa, encarcelar a dirigentes sindicales, fabricar complots, deportar a diplomáticos extranjeros, luego de invitarlos a conversar amablemente y esperarlos en la puerta del gabinete ministerial, precisamente para detenerlos y arrojarlos del país sin más trámite.

De Washington vienen las órdenes. Se han fraguado estos planes en Río de Janeiro y comenzamos la etapa del vasallaje, difícil para la dignidad de ciertas conciencias, pero muy fácil para el que sea capaz de mentir y engañar, con tal de llegar al poder.

Pero ¿quién importa en la historia?, ¿cuál es el personaje central?

En nuestra historia patria, como en la historia de todas las naciones, el protagonista es y será el pueblo eterno.

Poco antes de pedirse facultades extraordinarias, alguien muy altamente colocado propuso al Partido Comunista terminar con nuestro régimen democrático, clausurar el Parlamento e instaurar la dictadura. Ante semejante proposición, mi partido se negó rotundamente a colaborar y le advirtió a esa persona que nuestra política es abiertamente opuesta a tal aventura. Poco después, inventando un peligro de subversión que provenía del mismo partido que rehusara su apoyo a aquella tentativa legal, se pedían y obtenían facultades extraordinarias.

Los actuales amigos del gobierno deben conocer esta falta de lealtad.

EL SEÑOR VIDELA. ¿Quién hizo la proposición?

EL SEÑOR NERUDA. Solo eso puedo decirle, honorable senador.

EL SEÑOR POKLEPOVIC. Pero guarda un hecho la proposición.

EL SEÑOR NERUDA. Léalo entre líneas, Su Señoría.

EL SEÑOR VIDELA. ¿Y por qué solo ahora sale con eso?

EL SEÑOR CONTRERAS LABARCA. No es de ahora, honorable senador. Se ha dicho muchas veces. La opinión pública está enterada de estos hechos.

EL SEÑOR NERUDA. Por lo demás, el plan es de Marshall. No sería raro que, a estas horas, esté decretada ya la salida de los actuales ministros y que se esté elaborando una nueva línea ministerial, a espaldas del actual gabinete.

El sábado pasado, en la inauguración de la Exposición de Animales, el presidente de la Sociedad Nacional de Agricultura, señor Máximo Valdés, extendió, en lenguaje soberbio y beligerante, la partida de defunción de los gobiernos de izquierda que se suceden desde 1938, a los cuales culpó de males apocalípticos y de ser los exclusivos culpables de la decadencia agraria en nuestro país. Estaba a su lado el que fue jacobino jefe radical, líder del Frente Popular, coautor del triunfo del 25 de octubre de 1938. ¿Qué dijo ante esa andanada que parecía cabeza de proceso, prólogo de una sentencia de muerte contra el Partido Radical, pronunciada por sus enemigos tradicionales? Llamó «distinguido amigo» y «patriota» al fiscal de la acusación y no dijo ni una palabra en defensa de los gobiernos de izquierda ni de su partido y pareció suscribir todas las posiciones de la derecha con un discurso en que no faltaron discriminaciones raciales al estilo fascista.

[...]

Mientras tanto, el Partido Comunista, atacado con armas innobles, permanece firme y el respeto y el amor del pueblo chileno hacia los comunistas se acrecientan.

Pero no se trata de los comunistas, se trata de todos los chilenos. Debemos destruir esta división artificialmente formada y defender juntos la Constitución, las garantías legales de que todos gozamos, la libre expresión del pensamiento, las instituciones republicanas.

Todo esto se halla en peligro. Peligran todas las instituciones y garantías constitucionales y tenemos la obligación de salvarlas, antes que nuevas provocaciones nacionales e internacionales destruyan totalmente los conceptos básicos de nuestra convivencia.

El Partido Comunista ha ayudado a la carrera política del actual presidente de la República con más sacrificio que ninguna otra colectividad. En las elecciones senatoriales mi partido le cedió el primer puesto, que nos correspondía, posponiendo en la lista electoral a un hombre tan amado de nuestro pueblo como Elías Lafertte y haciendo peligrar mi propia candidatura. En las elecciones presidenciales, en las que me correspondió hacer de jefe de toda la propaganda nacional de la candidatura, fueron los comunistas los que dieron fuego sagrado e impulso arrebatador a la campaña. Tres de nuestros mejores camaradas ocuparon con lealtad y honradez carteras ministeriales en que encontraron obstáculos premeditados para cumplir el programa del 4 de septiembre.

Desde hace tiempo, desde la huelga de autobuseros y la injustificada matanza de gente pacífica que allí se realizó, el presidente de la República ha querido hacer de los comunistas, que así le ayudaron, objeto preferente de ataques insultantes, que no respondimos, usando un lenguaje desconocido en el idioma de los presidentes de Chile. Apelamos una vez más a todos los partidos, en especial al Partido Radical, para exigir el cumplimiento de las promesas juradas al pueblo. Esto pareció llevar al paroxismo al Primer Mandatario.

Hoy, que parece haber arrastrado a la directiva de este grande y fraternal partido a una próxima catástrofe administrativa, política y electoral, tienen los comunistas el deber de mostrar al desnudo, a los ojos del pueblo, a quienes, siguiendo su trayectoria, se aprestan para engañar mañana a sus nuevos aliados.

Los comunistas no tenemos miedo por nosotros mismos. Si es preciso dar la vida por los ideales de democracia y de activo progreso que nos hacen luchar y ser destacados y vigilantes patriotas, moriremos en defensa de nuestro pueblo, del cual formamos parte profunda, indestructible y esencial.

El año pasado, durante la gira electoral del señor González, se produjo en Lota un hecho conmovedor. Llevado en hombros por aquellos a quienes prometió defender, se acercó a él una viejecita obrera y sacó de su bolsillo una medalla y un arrugado billetito de cinco pesos y se los dio al actual presidente para ayudar a su caja electoral.

Aquella economía valía más que los millones de dólares que ahora se esperan inútilmente de Wall Street a cambio de nuestra soberanía.

El actual presidente lloró entonces ante miles de mineros.

Esos que lo vieron llorar de emoción están hoy rodeados de tanques, amenazados, golpeados cercados por el hambre, por la artillería, por aviones de guerra. Uno de los entonces presentes, el que llevó a la anciana hasta el señor González Videla, el alcalde de Lota, Santos Medel, es perseguido hasta debajo de la tierra por la policía. Anteayer, para indagar su paradero, fue golpeado salvajemente un hermanito suyo de doce años de edad.

A los niños enfermos, que lo vieron llorar, se les prohíbe el acceso al hospital por ser hijos de huelguistas.

Se prohíbe a los comerciantes minoristas vender alimentos a los obreros en huelga.

Así ha pagado el Primer Mandatario aquellos cinco pesos y aquella medalla que venían del más profundo sentido de solidaridad y de sacrificio que se le hayan presentado.

Las lágrimas que derramó ante miles de mineros, las derraman hoy, por su culpa, las mujeres y los niños que padecen en el gran campo de concentración que ha establecido el gobierno en la zona carbonífera.

Y ya que somos todos mortales por ley inmutable de la naturaleza y todos llegaremos a nuestra hora a la muerte quiero pedir que algún día cuando ya el actual presidente sea olvidado, como sin duda lo será, porque el pueblo no guarda rencores, que su recuerdo quede vivo con una lápida que propongo. Es la orden de trabajo forzoso que se pretende ejecutar en este momento en las minas de carbón por exigencia de Su Excelencia.

Dice así, no puedo dar nombre ni dirección, porque este obrero será encarcelado:

> *Citación*
> Cítase a (fulano de tal), domiciliado en (camino tal, población tal, casa cual), para que se presente a su puesto de trabajo habitual el día l de octubre, a las 8 p.m., bajo sanción si no lo hiciere, de ser considerado infractor a la Ley de Reclutamiento del Ejército y castigado con una pena de tres años y un día de presidio menor en su grado máximo.
>
> El comandante de la Zona Carbonífera asegura a todos los obreros que su trabajo será pagado de acuerdo con la totalidad del aumento acordado por el Supremo Gobierno en el decreto que dispuso la reanudación de las labores.

Esta inscripción sobre una piedra bastará para saber cómo cumplió sus juramentos un hombre que fue elevado con fervor pocas veces igualado a un alto cargo para que allí, realizara un programa de adelanto y de nobles y elevadas aspiraciones.

Pero esta lápida no enterrará al movimiento obrero ni al Partido Comunista de Chile ni la resistencia de los obreros del carbón será vencida con medidas de fuerza, a pesar de los complots elaborados por las Gestapos internacionales reunidas en su cuartel general de Santiago de Chile, para deshonor de nuestra soberanía.

Ellos me han expresado sus deseos de allanar todas las dificultades, siempre que se respeten sus fueros sindicales y no se trate de obligarlos a palos y a bayonetazos a bajar a las minas.

Ellos, en este momento de olvido de ideales, son la encarnación de lo más alto y bello de nuestra conciencia cívica. Los héroes del carbón, que no se amedrentan, significan la integridad de los principios que algunos partidos escribieron en sus convenciones y que ahora no salen a defender.

Esta huelga del carbón, legal y local, debe tener también su solución legal. La CTCh, con los documentos que he leído y que el Gobierno impide publicar, desea y busca esta solución que conviene a los intereses de nuestra patria en su integridad.

Pero también conviene a nuestra patria que sus hijos no sean tratados como esclavos. Deben deliberar y discutir la solución propuesta y debe abrirse el camino para el arbitraje de los puntos que no sean esenciales.

Mientras tanto, señalo desde la única tribuna que me ha sido posible ocupar debido a la persecución policial, desde la más alta tribuna de Chile, desde este Senado, que la huelga del carbón ha encontrado hasta ahora un solo obstáculo: el propio gobierno, que solo propicia la solución o disolución violenta de un movimiento tan justificado que ha llamado la atención del mundo entero cuando se han revelado los miserables salarios de los obreros del carbón.

A ellos vaya mi saludo, mi completa solidaridad y la de mi partido, para que su noble ejemplo de fortaleza en sus deberes y en sus derechos, a pesar de la calumnia y de la imposición, sirva en esta hora de confusión y descontento para guiar a todos los chilenos en la defensa de los principios fundamentales y constitucionales de nuestra República.

[...]

11

Yo acuso

Martes 6 de enero de 1948

[...]

Vuelvo a ocupar la atención del Senado, en los dramáticos momentos que vive nuestro país, para ocuparme del documento enviado por mí a diversas personalidades americanas en defensa del prestigio de Chile y que hace una rápida historia de nuestro sombrío panorama político.

El presidente de la República ha dado un paso más en la desenfrenada persecución política que lo hará notable en la triste historia de este tiempo, iniciando una acción ante los Tribunales de Justicia, pidiendo mi desafuero para que, desde este recinto, se deje de escuchar mi crítica a las medidas de represión que formarán el único recuerdo de su paso por la historia de Chile.

Al hablar ante el honorable Senado en este día, me siento acompañado por un recuerdo de magnitud extraordinaria.

En efecto, en un 6 de enero como este, el 6 de enero de 1941, un titán de las luchas de la libertad, un presidente gigantesco, Franklin Delano Roosevelt, dio al mundo el mensaje en que estableció las cuatro libertades, fundamentos del futuro por el cual se luchaba y se desangraba el mundo.

Estas fueron:

1. Derecho a la libertad de palabra
2. Derecho a la libertad de cultos

3. Derecho a vivir libres de miseria

4. Derecho a vivir libres de temor

Ese fue el mundo prometido por Roosevelt.

Es otro el mundo que desean el presidente Truman y los también presidentes Trujillo, Moríñigo, González Videla.

En Chile no hay libertad de palabra, no se vive libre de temor. Centenares de hombres que luchan por que nuestra patria viva libre de miseria son perseguidos, maltratados, ofendidos y condenados.

En este 6 de enero de 1948, siete años justos después de aquella declaración rooseveltiana, soy perseguido por continuar fiel a las altas aspiraciones humanas y he debido sentarme por primera vez ante un tribunal por haber denunciado a la América la violación indigna de esas libertades en el último sitio del mundo en que yo hubiera deseado ocurriera: CHILE.

Esta acusación de que se me hace objeto es historia antigua. No hay país, no hay época en que mi caso no tenga ilustres y conocidos antecedentes. ¿Se deberá ello a que en los países se repiten periódicamente los fenómenos de traición y antipatriotismo? No lo creo. Los nombres de los que fueron acusados livianamente son nombres que hoy día todo el mundo respeta; fueron, una vez pasadas la persecución y la perfidia, incluso dirigentes máximos de sus países y sus compatriotas confiaron en su honradez y en su inteligencia para dirigir el destino de sus patrias y ellos llevaron siempre como un timbre de honor, el máximo timbre de honor, la persecución de que fueron objeto.

No, la causa debe ser otra. Ella fue estudiada y expuesta en forma lúcida por Guizot, historiador francés monarquista, ministro de Luis Felipe de Orleans. He aquí lo que dice en su obra *De las conspiraciones y la justicia política*, página 166:

> ¿Qué hará el gobierno que ve agitarse bajo su mano la sociedad mal administrada? Inhábil para gobernarla, intentará castigarla. El gobierno no ha sabido realizar sus funciones, emplear

sus fuerzas. Entonces, pedirá que otros poderes cumplan una tarea que no es suya, le presten su fuerza para un uso al cual no está destinada. Y como el poder judicial, se halla vinculado a la sociedad mucho más íntimamente que cualquier otro, como todo desemboca o puede desembocar en juicios, tal poder tendrá que salir de su esfera legítima para ejercerse en aquélla en que el gobierno no ha podido bastarse a si mismo.

En todos aquellos lugares en que la política ha sido falsa, incapaz y mala, se ha requerido a la justicia para que actuara en su lugar, para que se comportara, según motivos procedentes de la esfera del gobierno y no de las leyes, para que abandonara finalmente su sublime sede y descendiera hasta la palestra de los partidos. ¿En qué se convertiría el despotismo si no gobernara absolutamente a la sociedad, si solo tolerara alguna resistencia? ¿Adónde iría a parar si no hiciera tolerar su política a los tribunales y no los tomara como instrumentos? Si no reina en todas partes, no estará seguro en parte alguna. Es por naturaleza tan débil que el menor ataque lo hace peligrar. La presencia del más pequeño derecho lo perturba y amenaza.

He aquí expuesta por un francés de la primera mitad del siglo pasado la exacta situación del gobierno chileno en el año 1948. He aquí explicado por qué se ha pedido mi desafuero y se me injuria, aprovechando la censura de sur a norte del país por periodistas bien o mal pagados.

Al acusarme de haber herido el prestigio de mi patria por haber publicado[9] en el extranjero la verdad que en mi patria un régimen de facultades extraordinarias y de censura no me permite hacer

---

[9]   Se refiere a la «Carta íntima para millones de hombres», publicada en el diario *El Nacional* de Caracas, el 27 de noviembre de 1947. Con el título inicial de «La crisis democrática de Chile es una advertencia dramática para nuestro continente», había sido concebida por Neruda como un informe político a la opinión pública internacional sobre la situación en ese país andino. Al día siguiente de ser dada a conocer, el entonces presidente González Videla inició el juicio «político» ante los Tribunales de Justicia pidiendo el desafuero de Pablo Neruda como senador.

saber, no se infiere una injuria a mí sino a los más grandes hombres de la humanidad y a los Padres de la Patria. Es curioso verse motejado de antipatriótico por haber hecho lo mismo que hicieron en el extranjero los que nos dieron independencia y echaron las bases de lo que debiera haber sido siempre una nación libre y democrática. Al tachárseme de traidor y antipatriota, ¿no se me dirige acaso la misma acusación que los Osorio, los San Bruno, los Marc del Pont dirigían contra O' Higgins, contra los Carrera, contra todos los chilenos expatriados en Mendoza o en Buenos Aires, que, después de haber luchado en Rancagua combatían con la pluma a los invasores que más tarde iban a vencer con la espada?

La misma acusación que en mi contra se mueve fue hecha por el gobierno tiránico de Juan Manuel de Rosas, que se llamaba a sí mismo *Ilustre Restaurador de las Leyes*. También el tirano pidió al gobierno de Chile la extradición de Sarmiento para ser juzgado por traición y falta de patriotismo. Tengo a mano un párrafo de la altiva carta que Sarmiento dirigió en esa ocasión al presidente de Chile. Dice así:

> La conspiración por la palabra, por la prensa, por el estudio de las necesidades de nuestro pueblo; la conspiración por el ejemplo y la persuasión; la conspiración por los principios y las ideas difundidos por la prensa y la enseñanza; esta nueva conspiración será, Excelentísimo Señor, de mi parte, eterna, constante, infatigable, de todos los instantes, mientras una gota de sangre bulla en mis venas, mientras un sentimiento moral viva en mi conciencia, mientras la libertad de pensar y de emitir el pensamiento exista en algún ángulo de la tierra.

Por su parte Juan Bautista Alberdi, también exilado en nuestra patria, escribía:

No más tiranos ni tiranías; argentina o extranjera, toda tiranía es infernal y sacrílega. Si el argentino es tirano y tiene ideas retardatarias, muera el argentino. Si el extranjero es liberal y tiene ideas progresistas, viva el extranjero.

Rosas no logró tener en sus manos a Sarmiento ni a Alberdi y, una vez caído el tirano, Sarmiento fue presidente de su patria.

Podría ser cuento de nunca acabar el citar todos los hombres libres que se vieron obligados a enjuiciar los regímenes tiránicos que sojuzgaban su patria y contra quienes se movió la acusación de traición y antipatriotismo. Víctor Hugo, implacable fustigador de Napoleón III desde su destierro de Guernesey; Víctor Hugo, el poeta inmenso y el patriota abnegado, fue también acusado de traición por parte de Napoleón, *el Pequeño*, y sus secuaces, que preparaban para Francia la humillación y la derrota de Sedan.

En Chile, en 1868, la propia Corte Suprema y su presidente, don Manuel Montt, fueron acusados, por razones políticas, ante el Parlamento. La acusación, aceptada por la Cámara de Diputados, no prosperó en el Senado. De esa acusación el jurista señor Larraín Zañartu dice lo siguiente: «Se trata de procesar a un hombre para conseguir la ruina de su partido, de socavar un sólido edificio para aprovechar sus cimientos, de destruir la Constitución para ejercitar una estéril venganza personal». Las últimas palabras del señor Larraín Zañartu parece que hubieran sido escritas en previsión de lo que ahora sucede.

¿Cómo deberían calificar los que a mí me injurian y procesan a los apristas peruanos que desde Argentina, Chile y todo el continente revelaron los crímenes de los gobiernos de los señores Leguía, Sánchez Cerro y Benavides? Si fueran lógicos, deberían tratarlos como a mí de traidores, pero en su país no piensan lo mismo y a uno de ellos lo han designado vicepresidente del Senado. En cambio, sí que pensaron lo mismo los dictadores atacados.

¿Y, qué decir de Venezuela? El dicterio de traidor que se me aplica fue aplicado con igual razón por Juan Vicente Gómez, Juan Bisonte, contra aquellos que lo combatieron. Y nuevamente nos encontramos con que el pueblo de allí acaba de ungir presidente electo a uno de ellos, Rómulo Gallegos, amigo mío personal y que sufrió en su tiempo la persecución que ahora sufro.

De estos hechos se desprende una lección: los ejemplos de Argentina, de Perú, de Venezuela, de Chile mismo indican que, tarde o temprano, la justicia se abre paso y la justicia impera. Los hombres que fueron expatriados en tiempos del gobierno del general Ibáñez y desde el extranjero lo combatieron con la palabra y la acción y que también fueron denigrados como traidores, fueron después dirigentes estimados en su tierra. Uno de ellos, reelegido presidente de la República, es ahora presidente de esta Alta Corporación y, seguramente, se indignaría si alguien sostuviera que, al combatir en el extranjero un régimen que él consideraba tiránico, cometió un delito de lesa patria. Siempre, tarde o temprano, triunfa la buena causa.

Este hecho indiscutido, esta sensación que hace que el perseguido sienta aun en los momentos del tormento la infinita superioridad que lo distingue de su perseguidor; esa sensación de estar luchando por la buena causa que hizo exclamar a Giordano Bruno al ser condenado a la hoguera: «Estoy más tranquilo en este banquillo que Uds. —y señaló a los jueces eclesiásticos— que me condenáis a muerte»; esa convicción en una justicia que separa la buena de la mala fe y la causa justa de la injusta, fue expresada por nuestro compatriota Francisco Bilbao en forma magistral durante su proceso. Dijo así:

> Aquí dos nombres: el del acusador y el del acusado. Dos nombres enlazados por la fatalidad de la historia y que rodarán en la historia de mi patria. Entonces veremos, señor fiscal, cuál de los

dos cargará con la bendición de la posteridad. La filosofía tiene también su código y este código es eterno. La filosofía os asigna el nombre de retrógrado. Y bien, innovador, he aquí lo que soy retrógrado, he aquí lo que sois.

Dice José Victorino Lastarria a este respecto:

> El vaticinio no podía dejar de cumplirse, pues los iracundos estallidos de odio de los servidores del antiguo régimen han labrado siempre la gloria futura de sus víctimas y han contribuido al triunfo de la verdad y de la libertad casi con más eficiencia que los esfuerzos de los que la sustentan.

La posteridad honra y glorifica al autor de *La sociabilidad chilena*.

Sin embargo, Francisco Bilbao fue condenado bajo los cargos de inmoral, blasfemo, a ver su obra quemada por mano de verdugo.

No aspiro a méritos ni a recompensa. Pero tengo la certeza absoluta de que, tarde o temprano, más bien temprano que tarde, el inicuo proceso político a que he sido sometido será juzgado como merece y sus inspiradores y perpetradores recibirán el nombre que les corresponde. Pero nadie podrá remediar el daño que se ha causado al país al obligar a los tribunales a abandonar la tarea que les corresponde para librar al gobierno del resultado de los desaciertos que ha cometido y que no sabe cómo remediar.

Voy a hacerme cargo de las observaciones que mi persona, mi obra y mi actitud en las presentes circunstancias han merecido al honorable senador don Miguel Cruchaga Tocornal en la sesión del 23 de diciembre del pasado año. El honorable señor Cruchaga no es solo un miembro distinguido de esta Alta Corporación, sino también un ilustre hijo de Chile; su labor de tratadista, de diplomático y de canciller le han valido una destacada situación en el extranjero. Se cita su nombre como una autoridad indiscutible en materias internacionales y se usan sus juicios como argumentos de gran valor y peso. En cuanto a su prestigio en el interior, es inútil que me refiera a él, ya que es de todos conocido. Me basta recordar que el señor Cruchaga Tocornal, después de haber desempeñado con brillo las altas funciones de canciller de la República, ocupó, en tiempos difíciles, la presidencia de esta Corporación.

Es, por lo tanto, con cierta alarma que noto, en las observaciones que el honorable senador me dedicó, falta de claridad no solo en los juicios, sino también en las bases estrictamente jurídicas de sus argumentaciones, y sentiría que su limpio prestigio de jurista, que jamás debió ser empañado, sufriera los ataques de quien menos se podría esperar: de él mismo, que habría entrado en franca contradicción no solo con la generosidad y la equidad que debería merecerle un compatriota y colega suyo, no solo con los principios cristianos que lo obligaran a estudiar, analizar y profundizar un asunto antes de pronunciar sobre su prójimo un juicio de esos que la Biblia llama temerarios, no solo con la serenidad e imparcialidad que deben presidir la actuación de todo jurisconsulto para no caer en afirmaciones aventuradas, sino, lo que es gravísimo, con lo que él ha sostenido en su tratado universalmente conocido; en una palabra, que se convirtiera, de la noche a la mañana, en el detractor e impugnador de su propia obra, sobre la que descansa su fama de internacionalista.

Pido perdón al honorable señor Cruchaga y a esta Alta Corporación por estas dudas irreverentes, pero en verdad, no atino a explicar dentro de las normas universalmente conocidas de Derecho Público la grave afirmación en mi contra, emitida por el honorable señor Cruchaga, cuando dice así:

> El Senado ha tenido el triste privilegio de presenciar uno de los hechos más insólitos ocurridos en la historia de Chile. Producido un conflicto diplomático entre la República y un gobierno extranjero, un miembro de esta Corporación no ha trepidado en volverse contra su propia patria atacando al Ejecutivo y convir-

tiéndose en ardiente defensor no de Chile, sino justamente de
dicho gobierno extranjero.

No deseo, por el momento, referirme a la parte personal, apasio-
nada y subjetiva de la frase que he citado. El desagrado que ella
pueda causarme, sobre todo por ser aventurada e injusta, es supe-
rado por la sensación de malestar que me produce el pensar la cara
de asombro y de incredulidad que habrán puesto los admiradores
chilenos y extranjeros del señor Cruchaga Tocornal y que aún debe
dominarlos.

No es posible —deben pensar— que el sereno y circunspecto
tratadista haya abandonado el escrupuloso uso del vocabulario
técnico-jurídico para caer en una confusión tan arbitraria y popu-
lachera de términos que tienen cada cual un significado preciso; y
todo, ¿para qué? Para llegar a una conclusión que no honra a un
tratadista. No es posible que el señor Cruchaga Tocornal, en su
papel de senador, se dedique a destruir al señor Cruchaga internacionalista.

Y tampoco es esto lo más grave. Como ciudadano chileno, es
decir, como hijo de un país que ha luchado y seguirá luchando
para imponer la democracia y la libertad en el ámbito de su territorio, del continente y del mundo, y como senador, es decir, como
miembro de una rama del Congreso, que es uno de los poderes del
Estado, no puedo menos que llamar la atención sobre los extremos
a que puede arrastrar la pasión política aun a hombres de la edad y
la fama del honorable señor Cruchaga Tocomal y me veo en la obligación de protestar enérgicamente contra el desmedrado, sórdido
e indigno papel que, en el concepto del señor Cruchaga, debería
desempeñar el Senado. Esta Alta Corporación ha tenido, en efecto,
para servirme de las palabras del honorable señor Cruchaga, «un
triste privilegio», pero este no ha sido el que indicó, sino otro, el de
ver cómo se denigraba, cómo se desprestigiaba, cómo se tachaba

injustamente, con evidente desconocimiento de la historia, y cómo se procuraba acallar e infamar a un senador que procedía, a la luz del sol, en el ejercicio de su cargo de representante del pueblo, en cumplimiento de su misión de senador. Esto sí que es triste y denigrante, esto sí que es de lamentar y empaña nuestra fama de país democrático.

El honorable señor Cruchaga Tocornal es dueño de opinar a favor o en contra del Ejecutivo, es dueño de juzgarme con acritud o benevolencia, es dueño de todo, pero no lo es de achicar en esta forma la función de una de las ramas de los poderes del Estado, no lo es de empequeñecer arbitrariamente las altas funciones que corresponden al Senado, no lo es de condenar a un miembro de esta Cámara como antipatriota, justamente porque está procediendo como chileno leal, como patriota efectivo y como senador que mantiene en alto la independencia del más alto de los tres poderes: el Poder Legislativo.

He dicho que admiro la fama internacional del señor Cruchaga, pero recuerdo que, por una u otra razón, otros muchos hombres la tuvieron antes que él, entre ellos, el historiador Paulo Giovio, a quien solicitaban y adulaban los monarcas europeos. Giovio decía que tenía dos plumas para escribir sus historias: una de oro para sus favorecedores y otra de fierro para los que no lo eran. Es sensible que el honorable senador haya usado, en su discurso, las dos plumas: una de oro para el Poder Ejecutivo, AL QUE ARBITRARIAMENTE CONFUNDIÓ CON LA PATRIA, COSA POR LA CUAL PROTESTO COMO CIUDADANO, COMO SENADOR E INCLUSIVE EN NOMBRE DEL DERECHO, DE CUYOS FUEROS DEBERÍA SER ÉL, EL HONORABLE SEÑOR CRUCHAGA. EL MÁS CELOSO DEFENSOR y otra de fierro en contra de mi persona y, lo que es más extraño, en contra de la suya propia y en contra de su obra máxima.

No creo que nadie en esta Alta Corporación, no creo que ni siquiera el propio honorable senador, a sangre fría, se atreva ahora a sostener que yo, al criticar actuaciones del Ejecutivo, a la luz del día, en este recinto y fuera de él, en cumplimiento de la misión que me encomendó parte del pueblo de mi patria, al proceder, de acuerdo con las normas de la Constitución Política, a manifestar mis opiniones y a exponer hechos que tienen relación con materias sobre las que el Senado debe pronunciarse, ME HAYA VUELTO EN CONTRA DE MI PATRIA. El Ejecutivo no es la patria y criticar sus actuaciones o diferir de ellas no es VOLVERSE CONTRA LA PATRIA.

Actuar contra la patria es aceptar sumisamente, callar o defender cosas indefendibles. Es aceptar sin protestas que, en el desarrollo de una política personalista que no ha podido ser justificada ni explicada, a pesar de los largos discursos y de las farragosas citas, se cometan injusticias y desaciertos que nos cubrirán de vergüenza ante el mundo civilizado. Es aceptar que la politiquería interior prime sobre las actuaciones internacionales. Con ello, se traiciona y se ataca a la patria. Si la patria no es un concepto antojadizo e interesado, si es algo puro, no ligado a intereses materiales, justo y bello, sus intereses se confunden con los de la verdad, la justicia y la libertad. Se defienden también esos conceptos por los que tantos hombres a través de tantos siglos se han sacrificado y han muerto y se los ataca cuando se la quiere transformar en un útil de la politiquería personalista, cuando se la quiere confundir a ella, que es la suma de todos los chilenos presentes, pasados y futuros, con una sola persona o, peor aún, con la actitud transitoria de una sola persona que ha demostrado en su carrera política tener un exceso de actitudes contradictorias y una falta total de línea política honesta y consecuente.

Rechazo, por lo tanto, no en lo que me afecta personalmente, sino en mi calidad de senador, el juicio inaceptable, vejatorio para nuestra dignidad de representantes del pueblo, de que nos volvemos contra la patria si criticamos aquí en el Senado, abiertamente las actuaciones del Ejecutivo. Lamento esta afrenta que se ha hecho

en mi persona al Senado de Chile, sin que eso me mueva a calificar al honorable senador por la forma arbitraria e injusta en que lo
hizo conmigo. Existe una diferencia entre los dos: para él no parece
haber significado gran cosa el presentar, desde el Senado, a uno de
sus colegas como «volviéndose contra su patria». Sabía bien que, al
afirmar eso, afirmaba una vergüenza para el Senado y para Chile,
así como significaba una afrenta para la justicia, porque eso no es
verdad. Sin embargo, lo hizo y demostró que tenía más interés
y adhesión por la palabra patria que por la patria misma. Yo, en
cambio, lamento profundamente la indebida mancha que a nuestra corporación y a nuestra democracia se ha hecho y lo lamento
porque, tal vez a causa del materialismo o desprecio que merece al
honorable senador, prefiero sacrificarme y entregarme por entero
a la patria, tal como es en la realidad, en lugar de supeditarla a la
mera palabra.

No es la primera vez que los idealistas, antiimperialistas, como
el honorable senador, demuestran lo que podría parecer una para-
doja: ellos, seres de altos y nobles pensamientos, desinteresados,
caballeros de un ideal, confunden en último término una mera
autoridad política y transitoria, como es el Jefe del Ejecutivo, con la
patria, que nos sobrepasa en el tiempo y en el espacio y supeditan
los altos principios de la Justicia y la Constitución a las meras consignas políticas ordenadas por los intereses del momento.

En la carta a mis amigos de América, se ha calificado posiblemente como injuria mi denominación de los actos del Ejecutivo,
que el reglamento me impide llamar por su verdadero nombre:
abandono del programa del 4 de septiembre, jurado y suscrito con
solemnidad el 21 de julio de 1946, el mismo día en que el heroico
pueblo de La Paz colgó de un farol al tirano Villarroel y al secretario general de gobierno, Roberto Hinojosa; guerra al Partido
Comunista, que fue el factor decisivo en la campaña electoral del
actual jefe del Estado, ya que tuvo en su contra a destacados corre-

ligionarios suyos que forman ahora en la «corte de los milagros»; deslealtad al pueblo de Chile, que votó por él en la confianza de que entrara a una fase superior el proceso político social iniciado por el gran presidente Aguirre Cerda en 1938 y que, en sus líneas fundamentales, no modificó Juan Antonio Ríos, como sucesor de aquel; desaire afrentoso a los pueblos de América, que vieron siempre a Chile a la vanguardia de todos ellos; deserción en fin de los grandes ideales que la humanidad progresista desea plasmar en esta época de posguerra, tan llena de esperanzas como de obstáculos, de afirmaciones como de apostasías, de lecciones de heroísmo cívico como de los más repugnantes oportunismos personalistas.

Siempre sería poco sostener que, en la última jornada presidencial, el pueblo de Chile votó por un programa y no por un caudillo, votó por principios y no por banderas manchadas por el tráfico electoral, votó por la soberanía de la patria y la independencia económica y no por la subyugación y la entrega al imperialismo extranjero.

Para corroborar la destructiva acción política de que he acusado al Primer Mandatario, apelaré a sus propias palabras y declaraciones. La reproducción de ellas probará que no he vertido injurias y calumnias contra él, que no me interesa su vida privada personal, sino su categoría de político y sus actos de gobernante y estableceré, además, la inconsecuencia entre sus juramentos como candidato y su conducta como presidente.

Uno de sus biógrafos, su correligionario Januario Espinosa, acuña conceptos del discurso que exactamente un mes después del triunfo del Frente Popular expresara en el acto político en honor del presidente electo Aguirre Cerda, organizado por el Partido Radical en el Teatro Municipal de Santiago. Dijo en esa ocasión el señor González Videla:

Nosotros no queremos participar en el gobierno ni en la administración pública con los judas que nos venden ni con los traidores que en la tremenda lucha de intereses sirven clandestinamente al imperialismo, a los monopolios, a esa política económica que ha permitido que las contribuciones sean quitadas a los ricos para ser impuestas sobre los hombros de los pobres.

Y agregó, dirigiéndose al señor Aguirre Cerda, que asumiría el gobierno un mes más tarde:

> Como en todos los soberanos está el adulo de tanto filisteo que, como aves de variados plumajes, se entremezclará furtivamente para entonarle, en los momentos difíciles y de vacilaciones, el menosprecio y abandono a los hombres y partidos que lo ungieron primero candidato y después presidente de la República. Cuando esas aves de colores inverosímiles y cambiantes lleguen a anidar en el alero de aquel viejo caserón donde tanto se sufre, yo le pido a Su Excelencia, don Pedro Aguirre Cerda, en esta noche solemne en que viven y están presentes los espíritus de Matta, de Gallo, de Mac-Iver y Letelier, que recuerde el dolor de un pueblo entero que, a pesar de haber sufrido tanta traición, con una fe y lealtad que no tienen parangón en la historia de América, lo designara el mandatario de los pobres, del oscuro conventillo, de la carne de hospital.

Pocos años después y antes de partir en el viaje obligado que los candidatos a presidente suelen hacer a los Estados Unidos, a fines de octubre de 1945, declaró al diario de su propiedad, el *ABC* de Antofagasta:

> Un gobierno de izquierda debe tener visión y responsabilidad suficientes para no dejarse arrastrar por los sectores antiobreros de nuestro país, que están conspirando con éxito contra la unidad de izquierda y cuyo triunfo más sensacional habría sido utilizar a ministros radicales como instrumentos de represión contra la clase obrera.

Las empresas extranjeras están reemplazando sus antiguos gestores y abogados con influencia en la derecha por personeros elegidos inteligentemente en las filas de la izquierda y que aún continúan actuando e interviniendo dentro de ella y en permanente contacto con miembros del Parlamento y del gobierno.

[...]

En la sesión del Senado del 2 de febrero de 1946, a raíz de los acontecimientos de la Plaza Bulnes, el señor González Videla, entre otros juicios lapidarios, vertió los siguientes:

> Yo, en nombre del radicalismo chileno, quiero dejar establecido que estas responsabilidades, cualesquiera que ellas sean, no pueden comprometer al Partido Radical, puesto que sus principios, su tradición y su doctrina, manifestados claramente en la Convención de Valdivia, repudian todo acto de violencia y represión en la solución de los problemas sociales.

Y, por si hubiera dudas, agregó:

> [...] desgraciadamente, la negación de los derechos sociales del pueblo y la represión por las armas de sus manifestaciones cívicas, hasta el extremo de convertirlas en masacre, comprometen la propia estabilidad del régimen democrático, en una época como esta de posguerra, en que nace un mundo en plena revolución.

Y, adelantándose a los hechos futuros que le tocara protagonizar, en este mismo discurso, manifestó: «Son los pigmeos de la política que se encaraman en el poder los que producen estas calamidades públicas. Nadie más que ellos son los responsables de estos trastornos políticos y sociales que hoy conmueven al país».

Sería cansar al Senado citar pasajes de los discursos que pronunció como candidato a la presidencia de la República o de aquellos que, como presidente electo, dirigió especialmente al Partido Comunista, jurando que no habría traición, pero no resisto a recordar una vez más pasajes del que pronunció en la Plaza de la Constitución advirtiendo los peligros hacia donde suele llevar el anticomunismo. Dijo:

> Esto es lo que quieren, señores, los fascistas disfrazados que todos conocemos en este país. Y yo les temo mucho más, porque los vi actuar en la noble Francia, a los negros Lavales de la izquierda que a los hombres de derecha.
>
> El movimiento anticomunista, en el fondo, es la persecución, la liquidación de la clase obrera.
>
> Cuando las fuerzas del señor Hitler penetraron en Francia y se tomaron París, los soldados nazis no anduvieron pidiéndoles a los obreros el carnet de comunistas; bastaba que fueran afectos a un sindicato, bastaba que pertenecieran a una organización sindical para que fueran perseguidos, encarcelados y condenados a trabajos forzados.
>
> Esto es lo que se pretende; no solo el miedo contra el comunismo que explota esta gente para intimidar a las clases productoras de este país, sino en el fondo lo que quieren es perseguir a la clase obrera, disolver los sindicatos, que los obreros no están asociados ni disfruten de los derechos sociales que yo estoy dispuesto a respetar como siempre los he respetado.

¿Podría afirmar alguien que no hay deslealtad o, por lo menos, inconsecuencia entre las palabras y los hechos, entre los juramentos y la traducción real que ellos han tenido?

La política importa tanto por los hechos mismos como por sus consecuencias. Y bien, ¿qué consecuencias ha tenido para la democracia chilena la política del señor González?

Que por él se encargue de contestar el diputado conservador señor Enrique Cañas Flores, reciente huésped de Franco, quien, según los cables, como personero del gobierno de Chile, declaró que «CHILE ESTÁ HACIENDO LO MISMO QUE HIZO ESPAÑA CON EL COMUNISMO». Es decir, ¡nuestro país se ha convertido también en un satélite del Eje fascista y en una amenaza para la paz y las democracias internacionales!

[...]

¿Qué calificativos merece esta conducta? ¿Puede extrañar la triste fama que vamos adquiriendo en el exterior, incorporados al campeonato anticomunista y antisoviético, transformados en una colonia del imperialismo y en un foco de intrigas internacionales?

No es el pueblo de Chile, que sigue siendo fiel al programa y a los principios y a su mejor tradición democrática y antiimperialista, el que ha cambiado, es el presidente del país, quien ha hecho tan brusco viraje, adorando ahora lo que antes había quemado.

Ante mis serenas observaciones, basadas en HECHOS QUE NO HAN SIDO REBATIDOS NI DESMENTIDOS, se ha preferido oponer la diatriba y la acusación altisonante al razonamiento y la discusión. En todo el país la prensa y la radio se han entregado a una encendida campaña difamatoria en mi contra.

El honorable Senado sabe muy bien que, debido a las facultades extraordinarias, concedidas con demasiada amplitud y ejercidas en una forma tal que no hay recuerdo entre nosotros, no existe actualmente en Chile libertad de palabra ni de prensa. La prensa que podría mantener los fueros de la verdad, la única prensa que apoyó al actual presidente de la República en su campaña presidencial, ha sido suprimida o censurada. Se ha reducido al silencio, incluso, una audición humorística por haber comparado las actividades turísticas y viajeras del Primer Mandatario con las del Judío Errante y por haber afirmado que el «tónico de la esperanza», único remedio comestible que se ofrece al pueblo de Chile para compensar las alzas, está agotado hasta en las boticas. Los ciudadanos han sido detenidos, relegados y esparcidos a través del territorio. El presidente de la República, en declaración hecha a los dirigentes ferroviarios y ampliamente difundida por la prensa y por la radio, DIO A CONOCER LA EXISTENCIA DE UNA PERSECUCIÓN INCONSTITUCIONAL E IDEOLÓGICA AL AFIRMAR QUE LOS MIEMBROS DEL PERSONAL DE FERROCARRILES QUE HAN SIDO SEPARADOS DE SUS PUESTOS, LO HAN SIDO NO POR DELITOS QUE HAYAN COMETIDO, SINO POR SER COMUNISTAS. De este modo, la igualdad de todos los chilenos ante las leyes y la libertad de creencia, asociación, etcétera, han sido abolidas. Para acallar a los parlamentarios que se atreven a discrepar del gobierno y a dar a conocer los hechos que se quieren guardar en estricto misterio, se ha iniciado ahora una petición de desafuero en mi contra. La razón de ella no está en las acusaciones que se me hacen, SINO EN EL HECHO, IMPERDONABLE PARA EL GOBIERNO, DE HABER HECHO SABER AL PAÍS Y AL MUNDO LAS ACTUACIONES QUE ÉL QUERÍA HACER PERMANECER EN LA SOMBRA ESPESA, AHERROJADO EL PAÍS POR LAS FACULTADES EXTRAORDINARIAS, LA CENSURA DE PRENSA Y LAS DETENCIONES. De este modo, el Ejecutivo se nos presenta en una curiosa situación: por un lado, dice que salva al país, a la tranquilidad y a la ciudadanía por medio del estricto cumplimiento de las leyes, dice que solo detiene a disolventes y a los malos patriotas y afirma que ha liberado a Chile de gravísimos peligros internacionales; pero, por el otro, se ofende y se irrita hasta llegar a épicos arrebatos de ira, todas las veces que sus actividades salvadoras son dadas a conocer. El país, en realidad, no se explica cómo el presidente de la República puede estar, a un mismo tiempo, tan orgulloso de sus procedimientos y tener tanta vergüenza y tanto miedo de que sean conocidos.

En la madrugada de primero de año, elementos que no pueden ser otros que LOS MISMOS DE INVESTIGACIONES QUE DISPARARON CONTRA LA EMBAJADA DE LA URSS CUANDO AÚN MANTENÍAMOS RELACIONES CON ESE PAÍS, Y QUE NO HAN SIDO HABIDOS, asaltaron el local del Comité de Defensa de los Presos Políticos y las Libertades

Públicas. Ese Comité está integrado por elementos tan indiscutibles y tan poco comunistas como Carlos Vicuña o Santiago Labarca, universitario de prestigio, abogado y exdiputado, el primero; profesional, exdiputado y exministro, el segundo. Rompieron las máquinas de escribir y robaron documentos QUE NO PODÍAN TENER INTERÉS PARA NADIE MÁS QUE PARA LOS QUE APARECEN INCULPADOS POR LA DEFENSA DE MI PERSONA Y MI ACTUACIÓN QUE HA HECHO CARLOS VICUÑA EN LOS TRIBUNALES DE JUSTICIA.

Expongo simplemente estos hechos que no merecen calificativo, ya que llevan en sí mismos su propia condena. Desearía que se dijera si en otro tiempo se habría tolerado que los elementos que atacaron la embajada soviética, antes de romperse las relaciones, permanecieran en la impunidad. LA RUPTURA POSTERIOR Y EL CONCEPTO DE DIGNIDAD NACIONAL TRADICIONAL EN CHILE habrían impuesto a nuestros gobernantes la búsqueda agotadora y el escarmiento enérgico de los delincuentes.

Pero la dignidad tradicional ha sido olvidada y se tiene del prestigio en el extranjero un concepto diferente del que hasta ahora habíamos sustentado, asumimos actitudes internacionales basadas en injusticias y en sofismas y creemos que eso nos honra y, en cambio, hay quien se declara ofendido y declara la patria en peligro, porque se dan a conocer a nuestros hermanos del continente los «hechos salvadores» efectuados por nuestras autoridades gubernamentales.

Se me ha acusado de dirigirme contra la patria y apoyar a un gobierno extranjero por haber sostenido lo que establece la legislación chilena en el asunto de la nuera del exembajador Cruz Ocampo. La cancillería ha sostenido una curiosa teoría, nacida, tal vez, en el ministerio de Relaciones Exteriores, pero que constituye una afrenta para nuestro prestigio de país que tuvo el más alto nivel de estudios jurídicos en el continente. Alega a favor de su tesis la teoría de que el gobierno de la URSS al no permitir la salida de su territorio a la ciudadana soviética casada con el hijo del señor Cruz Ocampo, da a las leyes un carácter retroactivo, porque la prohibición fue dictada tres meses después del casamiento.

Es profundamente desconsolador que la cancillería de un país que ya había legislado en forma lúcida y concluyente sobre la retroactividad de las leyes a 7 de octubre de 1861, con la firma del presidente José Joaquín Pérez y de Justo Pastor, de La Serena, haga afirmaciones tan erróneas y, me atrevo a decir, tan disparatadas. Habría sido dar efecto retroactivo a las leyes el anular un matrimonio, mediante las disposiciones de una ley dictada posteriormente, pero limitar el uso de ciertos derechos jamás ha sido dar a la ley un efecto retroactivo. Los extranjeros que entraron a Chile antes de la Ley de Seguridad Interior no estaban sometidos a permiso de residencia. Posteriormente, al dictarse esa ley en 1937, ese permiso fue hecho obligatorio para todos los extranjeros y no solamente para aquellos que entraron al país después de la dictación de la ley. ¿Sostendrá alguien que con ello se dio a la ley un efecto retroactivo?

Por haber impugnado cosas semejantes, por no querer tolerar que se sostenga que ciudadana soviética casada con un chileno, es chilena, se me acusa de ir contra los intereses de la patria. ¿Cómo puedo ir en contra de los intereses de la patria al sostener, contra las ocasionales posturas de un Ejecutivo cambiante y movedizo, la efectividad de las leyes chilenas? La esposa del hijo del señor Cruz Ocampo, para entrar a Chile, necesitaría autorización del gobierno. Debería pedir permiso de residencia, anotarse en un registro de extranjeros y pagar su carnet de extranjería. Para ser chilena, necesitaría, después de haber enterado el plazo de residencia, iniciar una larga tramitación y obtener un certificado de investigaciones y, mientras tanto, correría el riesgo de que este mismo gobierno o cualquier otro confundiera sus cartas a su marido o a su familia con terribles documentos de conspiración y sabotaje. Se publicarían los facsímiles en ruso, sin traducción, como lo hizo *La Hora* con la carta de la esposa del exministro de Yugoslavia y se le pondría este título: «He aquí la prueba fehaciente». Y un ministro del Interior como el contraalmirante Holger o un ministro de Relaciones como el señor Vergara Donoso vendría al Parlamento para sostener que en la parte donde la ciudadana soviética dice a su marido «mi hijito lindo» o a su padre «papacito querido» está la clave de una terrible conspiración que no ha podido ser resuelta, pero de la que no cabe duda, y que en estas palabras se cifran los planes para destruir el Estrecho de Panamá, asesinar al presidente Truman, sabotear la producción en Lota o en el salitre y, sobre todo, lo que es más terrible o condenable, hacer saber al país que el presidente Gabriel González Videla, elegido por su juramento de cumplir un programa determinado, no lo ha cumplido y se ha entregado a los que fueron sus enemigos políticos y son, como él mismo lo decía, enemigos tradicionales del pueblo que, con sangre, sudor y lágrimas, lo llevó a la presidencia para sufrir una desilusión y un abandono más.

Frente a la campaña de difamación que una prensa totalmente entregada ha emprendido en contra de un miembro de este honorable Senado, se nos arrebatan los medios para defendernos y pretenden silenciarnos hasta en este sitial que algunos llaman tribuna. Pero de boca en boca la verdad se hace presente y todo el mundo sabe a qué atenerse. Desde luego, quiero hacer notar cómo la sinrazón y la injusticia suelen llevar a los hombres, aun a los más ecuánimes, a abanderizarse en una facción demasiado cerrada y perder de vista los altos intereses nacionales y humanos. Los conceptos de patria y nación no pueden ser desvinculados de los conceptos fundamentales en que se asienta la libre y democrática convivencia humana. Cuando ellos son contrapuestos, entonces no cabe duda ninguna que el problema ha sido mal planteado y gente interesada está usando indebidamente los conceptos sagrados de patria y patriotismo para encubrir con ellos mercaderías que no resisten la luz del sol. Cuando no se cumple la palabra empeñada, cuando se gobierna para unos pocos, cuando se hambrea al pueblo, cuando se suprime la libertad, cuando se censura la prensa, cuando se teme que nuestras actuaciones sean conocidas, cuando se obra en contra de todo lo que se sustenta, cuando uno abandona a sus amigos, cuando uno es inferior, muy inferior, a la tarea de gobernar que ha sumido, cuando se crean campos de concentración y se entrega de parte a parte la patria al extranjero, cuando se tolera la invasión segura y siempre creciente de funcionarios técnicos, *yes men*, miembros del FBI, que cada vez penetran más en nuestra vida interna, entonces es cuando la palabra patria es deformada y es necesario levantarse virilmente, sin miedo, para restablecer las cosas en su lugar y devolver a esa palabra su verdadero significado.

Estoy acusado por haber hecho saber lo que en Chile sucede bajo el gobierno con facultades extraordinarias y censura de prensa del excelentísimo señor Gabriel González Videla; se me hace el cargo de haberme dirigido contra la patria por no estar de acuerdo con la decisión tomada por este mismo excelentísimo señor. Es, en realidad, lamentable esta argumentación. Si no estar de acuerdo con el excelentísimo señor González es ir contra la patria, ¿qué habríamos de decir, con referencia a este mismo caso, al recordar que el señor González, como presidente del Comité de Ayuda al Pueblo Español, apoyó y defendió EL DERECHO DE LOS ESPAÑOLES EXPATRIADOS DE ATACAR, DESDE EL EXTRANJERO, EL GOBIERNO DE FRANCO CON EL CUAL ESTÁ AHORA EN TAN BUENAS RELACIONES? ¿No autorizó en esos españoles, que llamaba sus amigos y cuya ayuda impetró, la libertad que ahora, mediante la petición de desafuero, pretende desconocer en mí, exjefe de su campaña presidencial y senador de la República?

Quiero referirme al cargo de haber injuriado gravemente al presidente de la República.

El abogado Carlos Vicuña, en la brillante defensa que de mi causa hizo ante el Pleno de la Corte de Apelaciones, sostuvo que hice cargos políticos al presidente de la República, cargos que no pueden ser considerados como injurias, entre otras cosas, porque corresponden a hechos perfectamente ciertos y que están en la conciencia de todos los habitantes del país y de todos los extranjeros que se preocupan por nuestras cosas. En la «Carta íntima para millones de hombres» que se me incrimina, nadie, ni siquiera un juez del viejo Santo Oficio, podría notar otra cosa que un acendrado y gran amor hacia mi tierra, a la que, dentro de mis posibilidades, he dado también algo de fama y renombre, más puros, más desinteresados, más nobles y de mejor calidad —lo afirmo sin falsa modestia— que los que puede haberle dado, con sus actividades políticas o diplomáticas, el excelentísimo señor González.

En estos momentos en que estamos amenazados, en que se injuria y calumnia con plena libertad, declaro que voluntariamente evité, en mi carta, tocar en detalle el punto de la entrega de nuestros secretos militares y de la permanencia de fuerzas armadas de una potencia extranjera en nuestro territorio. Pero voy a hacerlo ahora, con la frente alta, desde este sitio al que me envió el pueblo trabajador de mi tierra sin presión y sin cohecho, como miembro de un poder del Estado, como hombre libre, como poeta, como chileno, cumpliendo un deber que es un derecho para cuya consecución lucharon las gentes de esta tierra, desde los hijos de Arauco hasta los trabajadores expulsados y perseguidos en la zona del carbón, arrancados de sus hogares y recluidos tras los alambres de púas de los campos de concentración de Pisagua por este régimen que ampara la entrada al país de los nazis alemanes y persigue a los republicanos españoles.

Los que me acusan por hacer saber a nuestros hermanos de América nuestras vicisitudes, sin pedir auxilio, afirmando que las resolveremos nosotros mismos, no tienen, sin embargo, una palabra de condenación por nuestra entrega total a los Estados Unidos, ven como transitan oficiales del Ejército de los Estados Unidos con uniforme y toleran la intromisión diplomática, comercial y hasta el control de salubridad. ¿Cómo explicar tanta escrupulosidad por un lado y tanta manga ancha por el otro? ¿Cómo explicar tanta alharaca en mi contra y tanto desinterés frente a acusaciones probadas, como es la entrega del mapa fotogramétrico de nuestra costa al Estado Mayor norteamericano? En estos mismos momentos, una misión norteamericana está levantando ese mapa en el territorio de Aysén. El honorable senador don Eleodoro Enrique Guzmán y yo hemos pedido antecedentes de este asunto en sesiones pasadas. Ellos no han sido enviados.

Aquí tenéis las placas fotogramétricas que se están usando desde el aire, con la mención expresa de que son material para el ejército norteamericano. De estos hechos no tiene la culpa nuestro ejército, sino el Ejecutivo.

Con la misma torcida intención con que se ha querido presentarme como antipatriota, se ha pretendido, también, de parte del periodismo oficial y pagado, presentarme como un enemigo de las Fuerzas Armadas.

Al contrario. Al defender la autonomía e independencia de nuestro Ejército, al sostener que no debe ser transformado en un regimiento de choque del ejército norteamericano, al propiciar que pueda seguir desenvolviendo sus tareas profesionales de defensa de la libertad de la patria, dentro de las normas, cauces, métodos y armamentos que nuestros jefes técnicos crean más convenientes, estoy defendiendo al ejército de mi patria y trato de que se le permita seguir la senda que tantas glorias ha dado al país. No deseo ver a los soldados, a los oficiales de Chile transformados en áscaris, cipayos o espahíes de una nación, por grande y poderosa que sea. Si esto es atacar a las Fuerzas Armadas, declaro que no me arrepiento y que seguiré en la misma línea, seguro de que con ello defiendo también el noble y alto interés de la patria y no su interpretación politiquera.

Por ahora voy a puntualizar las siguientes misiones militares norteamericanas en el país:

Dos misiones aéreas: Una dependiente del Ejército y otra de la Marina de Guerra de Estados Unidos.

En la misión aéreo-naval están destacados 4 oficiales superiores:

a) Un estratega en operaciones combinadas con el grado de capitán de navío.

b) Un ingeniero capitán de navío.

c) Un contraalmirante: Mr. Myfields (jefe de la Misión).

Otro personal.

Capitán de fragata: Mr. Porter Bedel (Este míster fue el piloto que condujo el avión «Catalina» donde viajó el señor González Videla a Pirihueico).

Suboficial mayor mecánico: Dick Milenton.

Sargento telegrafista: George Solaf.

Los oficiales superiores mencionados son instrumentos de la Academia de Guerra. En la misión hay el siguiente personal chileno, que de ninguna manera tiene rango ni autoridad para mandar en este territorio norteamericano.

Capitán de corbeta: Calixto Pereira Roger.

Tres cabos primeros mecánicos.

Dos telegrafistas.

Aviones en Quinteros:

12 bombarderos «Mitchell».

12 cazas «Snder Kol».

3 «Catalina».

2 «Douglas».

Personal en Quinteros:

30 oficiales yanquis.

60 hombres de tropa yanquis.

Esta base se rige totalmente por el régimen norteamericano.

Estas misiones han recorrido en viajes de estudio todos los lagos desde el Maule al sur probando las canchas naturales de aterrizaje.

Han practicado estudios minuciosos en Las Rocas de Santo Domingo en máquinas «Beechraft».

La misión militar yanqui levantó todas las cartas topográficas de Chile, donde aparecieron ríos y lagos que no aparecían en las del Instituto Geográfico Militar. En la actualidad, este último está haciendo las cartas topográficas chilenas en acuerdo con los estudios de la misión yanqui.

Se dirá que el país no es capaz de levantar los planos fotogramétricos o milimétricos de nuestro territorio. Cuando un gobierno digno de ese nombre reconoce ese hecho, recurre al servicio de extranjeros civiles, a los que procura amarrar a nuestra vida y a los que controlará estrictamente. Llamar a militares extranjeros, en calidad de tales, es sencillamente entregarse desarmados en los brazos del ejército a que pertenecen.

Y esto es lo que se ha hecho.

¿A qué, entonces, se sigue impidiendo a los turistas y posibles espías la fotografía de puntos militares, puertos, lugares fronterizos, etcétera?

Hasta ahora esas prohibiciones tenían una base, una razón de ser.

Saben bien mis honorables colegas que nadie puede acercarse a cierta distancia de la frontera con máquinas fotográficas. Eso rige para los chilenos. Cualquier miembro uniformado de la misión extranjera norteamericana puede fotografiar lo que se le antoje. ¿A qué prohibírselo cuando el levantamiento minucioso de nuestros mapas está entregado a ellos y colocado fuera del control de nuestro ejército?

¡En qué denigrante posición coloca el Ejecutivo a nuestro ejército: los militares norteamericanos haciendo estudios y fotografiando nuestro territorio, mientras a nuestros soldados se los enfrenta contra nuestro pueblo en acciones políticas y policiales!

¿Por qué un pequeño país valiente, como Panamá, rechaza altivamente el atropello a su soberanía y consigue el respeto a su territorio, mientras nuestro presidente se inclina a propiciar nuevas bases militares extranjeras y conforma su política interna a los ideales políticos de estos militares extranjeros?

Pido que todos los patriotas exijan la salida inmediata de estos militares extranjeros y que nuestra aviación sea dotada de aparatos para hacer este trabajo de importancia nacional.

Por si estas pruebas de irresponsabilidad en la defensa de nuestra soberanía, tan graves, que he expuesto en esta acusación, fueran aún pequeñas, voy a añadir el broche, no precisamente de oro, para demostrar cómo se defienden los intereses de nuestro país.

Al debatirse en la Comisión de Diputados el proyecto de Tratado Comercial Chileno-Argentino, un diputado conservador, haciéndose cargo de las palabras pronunciadas por el presidente argentino y que no podían aludir a otro jefe de estado sino al presidente de la República de Chile, exigió la presencia del jefe de Estado Mayor de nuestro ejército para discutir con él las derivaciones y tácticas militares del Tratado.

El ministro de Relaciones, señor Germán Vergara, se sintió profundamente agitado ante la posibilidad de la asistencia de este jefe militar en esas deliberaciones previas y agregó:

«¡Cómo imagina el señor Diputado que íbamos a traer el Tratado a las Cámaras sin que este hubiera sido minuciosamente analizado y aprobado por el Estado Mayor!».

Cuando en la próxima reunión, al día siguiente, asistió el ministro de Defensa, general Barrios Tirado, este declaró, delante de los mismos diputados y del ministro de Relaciones Exteriores, que el Tratado no había sido consultado ni discutido nunca, ni mucho menos aprobado, por el Ejército.

¡Así pretenden defender la soberanía de nuestro país ciertos gobernantes!

Precisamente por defender la soberanía y la independencia de mi país, soy acusado por el presidente de la República ante los tribunales. Precisamente por defender el prestigio democrático de Chile, la integridad tradicional de nuestra patria, se quiere acallar mi palabra.

Justamente en los momentos en que como una corriente nueva pero profunda se hace sentir en los Estados Unidos la palabra y la candidatura del gran demócrata Henry Wallace, como expresión de que no solo las corrientes monopolistas y esclavistas de esa gran nación dominan a la opinión pública, el presidente de la República ha atado de pies y manos a nuestro país a una política agresiva que no tiene otro objetivo sino la guerra, la destrucción y el odio.

Precisamente en este Año Nuevo quise comparar los mensajes que a sus pueblos dirigieron todos los jefes de los estados americanos. En todos ellos, aun en aquellos conocidos por sus regímenes tiránicos, injustos, hubo algunas palabras de fraternidad, de paz y de esperanza para sus compatriotas. En todos ellos, este solemne día que abre tal vez un ciclo histórico para la humanidad, fue recibido con palabras augurales de concordia y respeto.

Hubo una sola excepción. Esta fue la palabra del excelentísimo señor González Videla, impregnada de odio y dirigida a fomentar la división y la persecución en nuestro pueblo.

Estoy orgulloso de que esta persecución quiera concentrarse sobre mi cabeza. Estoy orgulloso, porque el pueblo que sufre y lucha tiene así una perspectiva abierta para ver quiénes se han mantenido leales hacia sus deberes públicos y quiénes los han traicionado.

En este momento histórico, en este Año Nuevo tan recargado de presagios, Chile es el único país del continente con centenares de presos políticos y relegados, con millares de seres desplazados de sus hogares, condenados a la cesantía, a la miseria y a la angustia. Chile es el único país, en este momento, con prensa y radio amordazadas, Chile es el único país del continente en que las huelgas se resuelven pisoteando el Código del Trabajo y con inmediatas exoneraciones en masa de los presuntos opositores políticos del Gobierno.

Yo acuso al excelentísimo señor González Videla de ser el culpable de estos procedimientos deshonrosos para nuestra democracia.

En las versiones de la prensa servil y en la acusación del presidente de la República, se pretende imputarme el desprestigio de mi país.

Los que cometen estas acciones reprobables, los que han mancillado brutalmente el prestigio de Chile en la América, pretenden confundir a la opinión pública tomando el papel de defensores del prestigio nacional.

Los que tienen a nuestro país aherrojado, atropellado, amordazado y dividido, pretenden tomar la bandera del prestigio que ellos han tirado al polvo.

Pero nadie se puede engañar sobre estos hechos.

Cuando comenzaron las persecuciones y exoneraciones en masa de los obreros del salitre, las compañías tenían preparadas sus listas de acuerdo con el plan de represión que ya conocían.

Hay una mujer detenida en Pisagua por haber iniciado en el año 1941 una huelga de cocinas apagadas. Este acto magnífico de esa mujer para exigir mejores artículos alimenticios en las pulperías ha sido el único acto político de su vida. Sucedió en 1941. Ahora está en Pisagua.

Un republicano español de Casablanca que fue relegado, nos contaba que el único acto político de su vida en Chile había sido contribuir con la modesta suma de $100 a la campaña del señor González Videla.

Entre las listas preparadas de las compañías del cobre y del salitre para las exoneraciones, detenciones y relegaciones en masa —escuche bien el honorable Senado; esto es muy importante, a fin de comprobar que no se trata de una persecución anticomunista, sino de una persecución antihumana—, las compañías escogieron a los obreros de familias más numerosas para ahorrarse algunos miles de pesos de asignación familiar. Mientras más niños tenían los obreros chilenos, más comunistas eran, según estos aprovechadores del terror.

Y así pasó que cuando los trenes y camiones se abrían en los sitios de destino con aquella inmensa carga de angustia humana, solo se oía un ruido. Era el llanto de centenares y centenares de niños que, apretados a sus madres, lloraban y gemían a un mismo tiempo y concentraban en ese llanto todo el dolor de la persecución y el desamparo.

No habrá por ahora ningún tribunal que desafuere al presidente de la República por los hechos y desventuras de nuestra patria. Pero yo le dejo como una sentencia implacable, sentencia que oirá toda su vida, el llanto desgarrador de aquellos niños.

Yo acuso al presidente de la República, desde esta tribuna, de ejercer la violencia para destruir las organizaciones sindicales.

Yo acuso al presidente de la República, presidente de las organizaciones antifranquistas en Chile durante su candidatura, de haber ordenado, como presidente de la República, votar contra la ruptura de relaciones con Franco, a nuestra delegación ante la ONU, al mismo tiempo que en Chile se encarcelaba y relegaba a los republicanos que formaban parte de esas organizaciones que él presidió.

Yo acuso al señor González Videla de haber sido, durante su candidatura, vicepresidente de la organización mundial Pro Palestina Hebrea y presidente de esa asociación en Chile y haber ordenado, como presidente de la República, a nuestra delegación ante la ONU abstenerse y silenciar la voz de Chile en favor de la creación del Estado judío.

Yo acuso al señor González Videla de haber encabezado las organizaciones antiperonistas en Chile durante su candidatura y luego, como presidente, haber consultado en largas conversaciones con el señor Perón, anunciadas por la secretaría general de gobierno, medidas represivas contra las organizaciones populares de Chile y Argentina.

Yo acuso al presidente de la República de haber denunciado al gobierno argentino un complot yugoslavo y comunista, cuyas bases habrían estado, según él, en Chile y en la ciudad de Rosario, en Argentina. La fantasía de estas afirmaciones queda de relieve con el caluroso telegrama, publicado por la prensa de anteayer, en que el general Perón felicita cordialmente al mariscal Tito de Yugoslavia y propicia una amistad cada vez mayor entre sus pueblos.

Yo acuso al señor González Videla por la mala conducción de nuestras relaciones exteriores, que han llegado a ser un ejemplo continental de frivolidad y de inconsecuencia.

Yo acuso al presidente de la República de la desorganización y descenso de la producción, como fruto de la evacuación en masa de miles de trabajadores experimentados en las faenas más duras de nuestras industrias.

Yo acuso al presidente de la República de obligar a las Fuerzas Armadas a actuar en labores policiales, enfrentándolas contra el pueblo trabajador. Yo lo acuso de gastar en estas faenas del Ejército centenares de millones de pesos que pudieran ser dedicados a mejorar el armamento atrasado y a adquirir armas modernas, en especial en el ramo de la aviación. Estos conceptos han sido publicados en las mismas revistas del Ejército y han causado la brutal exoneración de altos oficiales.

Yo acuso al presidente de la República de mantener en tiempos de paz bases militares extranjeras en nuestro territorio, con oficiales y tropa uniformados.

Yo acuso al presidente de la República de autorizar, aún en los momentos en que hablo, la fotografía aérea de nuestro territorio por aviadores militares extranjeros.

Yo acuso al señor González Videla de empeñarse en una guerra inútil y estéril contra el pueblo y el pensamiento popular de Chile y de querer dividir artificialmente a los chilenos.

Yo acuso al señor González Videla de tomar medidas contra la libertad de opinión, como el caso de mi proceso de desafuero, y de tratar de acallar por medio de la censura más brutal, con medidas policiales y financieras, los periódicos *El Siglo, El Popular* y otros seis más, que fueron órganos oficiales de su candidatura y el fruto de muchos años de lucha del pueblo chileno.

Yo acuso al presidente de la República de falta de fe en su país, lo acuso de solicitar y soñar con empréstitos extranjeros, con la quimera del oro, aun a costa de recibir el país las peores humillaciones, en vez de formular una política grande, digna y amplia, que dé trabajo a los obreros chilenos y empresas a los industriales de nuestro país. Es de la profundidad de la patria de donde se sacan los recursos. Chile no quiere ser un país mendigo.

Yo pregunto al honorable Senado: ¿Dónde vamos a llegar? ¿Es posible que continúe el estado anormal y de angustia en que vive nuestro país? Los mercenarios de cierta prensa aplauden cada día lo que ellos llaman este reino de paz social. Pero, ¿es que no hay gente sensata que se dé cuenta de que, precisamente, no hay paz social, de que estamos viviendo sobre un volcán, de que este odio alimentado cada día, desde la presidencia de la República, no constituye ninguna base posible para la actividad de la nación?

¿Dónde quiere conducirnos el señor González Videla? ¿Continuarán las facultades extraordinarias? ¿Continuarán los desafueros? ¿Continuarán las exoneraciones en masa, la ley del garrote, sustituyendo a la ley del trabajo? ¿Continuará la censura imperando? ¿Continuarán los sindicatos destruidos? ¿Continuarán los campos de concentración de Pisagua? ¿Continuarán la persecución y la delación en contra no solo de comunistas, falangistas y democráticos, sino contra nuevos sectores? ¿Continuarán la censura telefónica y el servilismo de los diarios cercanos al gobierno? ¿Continuarán las alzas, los lanzamientos, los negociados de que no nos habla la prensa sino con sordina, el camino descontrolado hacia la dictadura, mientras se acusa de traición a quien, como yo, explica al país y al extranjero que estos hechos no afectan a la dignidad de nuestra patria, sino a gobernantes incapaces?

¿Hasta cuándo?, se preguntan todos los chilenos, en este Senado y más allá de él, por todos los ámbitos, por todos los rincones de nuestro país amado. ¿Hasta cuándo dura esta pesadilla?, piensan obreros, profesionales, intelectuales, industriales, políticos, hombres de la ciudad y de los campos.

¿No es necesario detener esta carrera desenfrenada, este descentramiento de nuestra vida pública y política?

¿No será evidente para millones de chilenos la necesidad de volver a la equidad y la decencia?

Pero nuevamente el presidente de la República comienza a agitarse. Sin base popular en que apoyarse, mirado con recelo por muchos que a regañadientes se declaran sus amigos, temerosos de las consecuencias de sus malos actos de gobernante, el monarca presidencial piensa aterrorizado en el fin de las facultades extraordinarias. Ve su única salvación en que los poderes extraordinarios que en muy mala hora le fueron entregados, le sean prorrogados.

Impedido de seguir usando los ridículos complots fabricados en Yugoslavia según su Ponson du Terrail, de atribuir el descontento nacional a conspiraciones checoslovacas o de justificarse culpando a la Unión Soviética, el presidente comienza a advertir a los periodistas que se gestan en estos momentos tremendos complots en la costa del Pacífico. No sabemos si esos complots ocurrirán en Tahití, en la Isla de Pascua, en Venezuela o en el Ecuador. Anticipo que se prepara una nueva mascarada, una mascarada destinada pura y exclusivamente a cubrir la orfandad de un gobierno que ha dado vuelta la espalda al país.

Debe conocer el honorable Senado qué respeto merecen a las autoridades las residencias de los senadores. Anoche se intentó incendiar mi casa. El fuego alcanzó a destruir parte de la puerta de entrada. Como mi teléfono ha sido inutilizado a propósito por la Compañía, no me pude comunicar con la policía, lo cual, por lo demás, hubiera sido inútil.

Mi casa ha sido construida con grandes dificultades y lo único doloroso será ver quemadas las colecciones de libros antiguos y de arte y de historia natural que tengo destinadas, desde hace tiempo, a los museos de mi país.

Es fácil ver la huella de este ultraje. Viene de la misma cueva de donde salieron las criminales persecuciones a Julieta Campusano, de donde salieron los que se robaron y destruyeron papeles y máquinas de escribir en el Comité de Defensa de las Libertades Públicas.

Si este atentado llegara a consumarse y mi familia y yo pudiésemos escapar de las llamas, no buscaría a la justicia, sino que sobre las ruinas de mis libros quemados dejaría este letrero: «Ejemplo de la democracia durante la presidencia González Videla».

Cuanto se piensa hoy en el extranjero sobre Chile está ligado a esta situación tan deplorable.

Al recibir mi carta, muchas personalidades eminentes de América me han escrito diciéndome que ya estos hechos les eran, desgraciadamente, conocidos. Personalidades de estatura continental, como el maestro Sanín Cano, han alabado mi patriotismo y me han propuesto formar una asociación para defender unidos las libertades de América amenazada. El diputado Cipriano Reyes, de Argentina, así como el diputado señor Frondizi, de tiendas políticas diferentes, han expresado su adhesión al pueblo chileno y su esperanza de que este estado de violencia desaparezca de nuestra vida ciudadana.

Por su parte, uno de los hombres más eminentes de la democracia moderna, el exministro de Relaciones Exteriores de la República española señor Álvarez del Vayo, sin conocer mi carta, ha escrito estas líneas que deben hacer reflexionar a muchos hombres en nuestro país:

> Pero, ¿qué decir de un país como Chile, cuya tradición liberal ha sido el orgullo de las Américas y donde, solamente hace un año, la elección de Gabriel González Videla parecía haber llevado al poder —como lo dije en su oportunidad— a un hombre capaz de producir una historia presidencial comparable a la del mexicano Lázaro Cárdenas?
>
> En una huelga contra las compañías mineras, sean chilenas o norteamericanas, yo hubiera esperado que González Videla nacionalizara las minas y no declarara la guerra a miles de trabajadores cuyo salario es menos de US$1 por 8 horas diarias de trabajo.
>
> La última noticia es que el presidente ha pedido a otros países americanos que sigan el ejemplo de Chile y rompan relaciones con Rusia. Uno hubiera esperado tal decisión de Perú, pero nunca de Gabriel González Videla. Siento tener que escribir estas palabras porque ha sido un abnegado defensor de la causa republicana española, como un excelente amigo mío por años. La única explicación que he podido encontrar ha sido que la pasajera insania que ha cogido a tantos hombres públicos aquí y en América Latina ha alcanzado hasta a un militante de la izquierda como González Videla.
>
> Sería irónico, si alguna vez un día la situación mejora, que los estados latinoamericanos se viesen forzados a apurarse perdiendo toda dignidad para reanudar relaciones.

Me acompañan también las palabras de Thomas Mann, que recientemente acaba de declarar con su autoridad de pensador más alto que todos los palacios y que todas las tiranías al ser citado hace tres meses por los inquisidores de la Norteamérica de Truman:

Doy fe de que una persecución ignorante y supersticiosa contra los que creen en una doctrina política y económica que, después de todo, es la creación de grandes mentalidades y pensadores de gran talla y que tiene sus adherentes en todos los sitios del mundo, doy fe de que esa persecución no solo es degradante para los perseguidores mismos, sino que también es muy peligrosa para la reputación de la cultura de ese país.

Como ciudadano americano, alemán de nacimiento, doy finalmente fe de que estoy familiarizado con ciertas corrientes políticas de intolerancia espiritual, inquisición política y relajación de toda seguridad legal y todo esto en nombre de un requerido «estado de emergencia». Así sucedió en Alemania. Lo que siguió fue el fascismo y lo que siguió al fascismo fue la guerra.

Con tan altas presencias a mi lado, con la invitación de gobiernos de América del Sur para buscar refugio ante la persecución desencadenada, con centenares de adhesiones de Chile y de América entera que recibo cada día, con la invitación de la Federación de Estudiantes de Panamá que me ofrece asilo, continuaré la batalla legal aduciendo todas las pruebas de mi defensa que son al mismo tiempo las acciones que formula todo el pueblo de Chile.

He sido acusado de calumniar y de injuriar al presidente de la República.

Rechazo y rechazaré estos cargos hasta el final de mi vida.

He hecho el juicio político e histórico de un político que se sentó a mi lado en esta corporación, que fue elegido por los mismos votos que a mí me eligieron. Cuando salió de este recinto para llegar a la presidencia, el país conoció el esfuerzo de mi partido para darle una victoria que trajese libertad, honor y progreso a nuestra patria.

Si quisiera injuriar al presidente de la República, lo haría dentro de mi obra literaria. Pero, si me veo obligado a tratar su caso en el vasto poema titulado «Canto general de Chile», que escribo actualmente cantando la tierra y los episodios de nuestra patria, lo haré también con la honradez y la pureza que he puesto en mi actuación política.

El presidente de la República en su escrito, que no quiero calificar, pretende que mi carta íntima es la obra satánica del Partido Comunista y que se ha escogido a una persona políticamente inocua para firmarla. Mi inocuidad política se probó cuando dirigí su campaña de propaganda presidencial.

Asumo la responsabilidad de mis palabras, pero no hay duda de que la claridad y la verdad con que han sido dichas contienen el espíritu militante del grande, del heroico partido de Recabarren.

A todos los comunistas de Chile, a las mujeres y a los hombres maltratados, hostilizados y perseguidos, saludo y digo: «Nuestro partido es inmortal. Nació con los sufrimientos del pueblo y estos ataques no hacen sino enaltecerlo y multiplicarlo».

Ayer en la noche escuché la sentencia de la Corte de Apelaciones que ha dado una triste victoria al Ejecutivo al conceder mi desafuero. Se ha presionado a la justicia, llegando hasta a darle minuciosas instrucciones desde las columnas mercantiles de *El Mercurio* y de toda la prensa y radio mercenarias.

Tal vez ha olvidado la Corte de Apelaciones, con la excepción de algunos honorables ministros, que no debe imperar en ella la pasión política y que su deber no es proteger las arbitrariedades del presidente de la República, sino defender a los ciudadanos del atropello y del abuso.

¿Pero quién recuerda ahora los fallos de la Corte sobre el proceso de los subversivos de 1920, cuando se llegó a fallar en detalle sobre el oro peruano? ¿Dónde está hoy el oro peruano? Estos jueces tienen mala memoria.

Así será enterrada en el olvido, estoy seguro, esta sentencia de la Corte de Apelaciones.

A mí no me desafuera nadie, sino el pueblo.

Ya iré, cuando pasen estos momentos de oprobio para nuestra patria, a la pampa salitrera y les diré a los hombres y a las mujeres que han visto tanta explotación, tantos martirios y tantas traiciones:

«Aquí estoy, prometí ser leal a vuestra vida dolorosa, prometí defenderos con mi inteligencia y con mi vida si esto fuera necesario. Decidme si he cumplido y dadme o quitadme el único fuero que necesito para vivir honradamente, el de vuestra confianza, el de vuestra esperanza y el de vuestro amor».

Y cantar con ellos otra vez bajo el sol de la pampa, bajo el sol de Recabarren, nuestro Himno Nacional, porque solo sus palabras y la lucha del pueblo podrán borrar las ignominias de este tiempo.

DULCE PATRIA RECIBE LOS VOTOS CON QUE
CHILE EN TUS ARAS JURÓ O LA TUMBA SERÁS
DE LOS LIBRES O EL ASILO CONTRA LA
OPRESIÓN.

AMÉRICA, MI HERMANO, MI SANGRE

Un canto latinoamericano de dolor y resistencia

Pablo Neruda y Oswaldo Guayasamín

En este volumen dialogan las obras de dos de los más sobresalientes creadores de América Latina: el poeta chileno Pablo Neruda y el pintor ecuatoriano Oswaldo Guayasamín.

A través de una edición bilingüe inglés-español, este libro combina fragmentos del poema *Canto General*, obra magistral del poeta chileno, con momentos clave de la carrera artística del pintor ecuatoriano. *América, mi Hermano, mi sangre devuelve*, con la palabra y el color, todo el camino de batallas, victorias, derrotas y héroes que configura la historia de resistencia de América Latina.

123 páginas + 93 imágenes en colores, 2006, ISBN 978-1-920888-73-2

EL DIÁLOGO DE CIVILIZACIONES
Fidel Castro

Dos notables discursos pronunciados por Fidel Castro en Río de Janeiro, 1992, y en La Habana, 2005. En ellos el líder cubano alerta a la comunidad internacional del deterioro medioambiental, del peligro de extinción de la especie humana, y exhorta a la búsqueda de respuestas comunes para enfrentar los retos del mundo contemporáneo.

87 páginas, 2009, ISBN 978-1-921438-14-1

CHILE Y ALLENDE
Una mirada al proceso revolucionario chileno
Fidel Castro

En noviembre de 1971, Fidel Castro, realizó un recorrido por el Chile gobernado por el presidente Salvador Allende. Esta visita era el símbolo de un abrazo entre dos formas de lucha: la conquista del poder en Cuba mediante la guerra de guerrillas y el triunfo electoral de la Unidad Popular en Chile.

316 páginas, 2009, ISBN 978-1-921235-42-9

CHILE: EL OTRO 11 DE SEPTIEMBRE
Una antología de reflexiones del golpe de Estado en 1973

Una antología de ensayos sobre el 11 de septiembre de 1973, fecha del golpe de Estado que derribó el gobierno democrático de Salvador Allende en Chile. Incluye una cronología del contexto chileno entre 1970 y 1973; y las palabras de Ariel Dorfman; de Joan Jara; de Beatriz Allende, y de Fidel Castro.

82 páginas, 2006, ISBN 978-1-920888-81-7

FASCISMOS PARALELOS
El golpe de Estado en Chile
Jorge Timossi

Los ataques terroristas a las Torres Gemelas, el 11 de septiembre de 2001, en Nueva York, motiva este volumen de Jorge Timossi donde reúne relatos, discursos y documentos jurídicos sobre otro momento dramático de la historia continental: el golpe de Estado contra el presidente chileno Salvador Allende en 1973.

273 páginas, 2007, ISBN 978-1-921235-11-5

OTROS TÍTULOS DE OCEAN SUR

FUSILES Y PALOMAS
Selección de poesía revolucionaria de nuestra América
Selección y prólogo de Lidoly Chávez

Fusiles y palomas es un mapa poético de América Latina. En las páginas de esta antología habitan las más relevantes voces que han apostado, en vida y obra, por el camino de la revolución desde diversas geografías y momentos históricos.

39 páginas, 2009, ISBN 978-1-921438-59-2

SER UN JOVEN COMUNISTA
Cinco textos para la juventud chilena
Pablo Neruda, Salvador Allende, Gladys Marín, Ernesto Che Guevara, Fidel Castro

«Los jóvenes deben también aprender a ser jóvenes, y esto no es tan sencillo […] la vida, mientras más serios problemas nos propone, mientras más difícil sea el descubrimiento de nuestro camino, cuanto más grave sea el sentimiento de la injusticia social, más razones tenemos para sentirnos dignos de nuestra responsabilidad». —*Pablo Neruda*

80 páginas, 2012, ISBN 978-1-921700-42-2

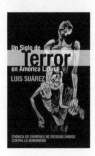

UN SIGLO DE TERROR EN AMÉRICA LATINA
Crónica de crímenes de Estados Unidos contra la humanidad
Luis Suárez

Una visión panorámica de la historia de las intervenciones y crímenes de guerra de los Estados Unidos en América Latina. Este volumen documenta los desafíos que para las naciones latinoamericanas ha representado el modelo de dominación imperialista de los Estados Unidos durante los últimos cien años.

591 páginas, 2006, ISBN 978-1-920888-49-7

TABERNA Y OTROS LUGARES
Roque Dalton

Premio Casa de las Américas en 1969, esta obra reúne versos nacidos en el seno de una taberna de Praga, antigua Checoslovaquia, donde la sensibilidad y el compromiso de Roque Dalton supieron forjar una excelente poesía política. Sin sacrificar el valor literario de sus composiciones, el poeta salvadoreño exhibe su agudeza periodística y su conmoción ante la injusticia social y la desigualdad.

164 páginas, 2007, ISBN 978-1-921235-68-9

POESÍA COMO UN ARMA
25 poetas con la España revolucionaria en la Guerra Civil
Selección y prólogo Mariano Garrido

Es esta una antología de 25 poetas revolucionarios españoles y latino-americanos que lucharon por la causa republicana durante la Guerra Civil española. Poetas que pusieron su pluma al servicio de la vida: contra el fascismo, por la defensa de la causa popular, y en muchos casos, por la revolución.

218 páginas, 2009, ISBN 978-1-921235-96-2

CHE GUEVARA PRESENTE
Una antología mínima
Ernesto Che Guevara
Compilación y prólogo de David Deutschmann y Ma. del Carmen Ariet

Reúne escritos, ensayos, discursos y epistolario que revelan aristas sobresalientes del pensamiento teórico y práctico del Che acerca de la lucha revolucionaria, sus conceptos de cómo construir el socialismo en sociedades subdesarrolladas, su rol en la política exterior cubana y su solidaridad e internacionalismo.

453 páginas, 2004, ISBN 978-1-876175-93-1

CHE DESDE LA MEMORIA
Los dejo ahora conmigo mismo: el que fui
Ernesto Che Guevara
Compilación, edición y textos introductorios de Víctor Casaus

El género testimonial es el recurso utilizado para recrear en un tono íntimo, cargado de una alta dosis humanista, la biografía del Che contada por él mismo. Los textos seleccionados se apoyan en fotos tomadas por el propio Che y otros autores.

305 páginas + 200 fotos, 2004, ISBN 978-1-876175-89-4

AMÉRICA LATINA HOY: ¿REFORMA O REVOLUCIÓN?
Coordinado por Germán Rodas / Edición y presentación de Roberto Regalado

En medio del confuso clima creado por el fin de la bipolaridad, fue acuñada la frase «búsqueda de alternativas». Para una parte de la izquierda política, esa noción sepultaba los conceptos de *poder, revolución* y *socialismo*. La editorial Ocean Sur invitó a un grupo de politólogos y dirigentes políticos a reflexionar sobre el tema «América Latina hoy: ¿reforma o revolución?».

259 páginas, 2009, ISBN 978-1-921438-72-1

FIDEL CASTRO
Antología mínima
Fidel Castro

Esta antología, que incluye las reflexiones y discursos más representativos de Fidel Castro, sin dudas constituye una referencia de incalculable valor en el contexto de transformaciones políticas y sociales que vive América Latina. La voz del líder cubano ha trascendido las fronteras nacionales para encarnar las ideas más radicales de la lucha revolucionaria mundial.

542 páginas + 26 páginas de fotos, 2011, ISBN 978-1-921438-98-1

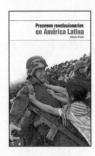

REFLEXIONES
Fidel Castro

Las Reflexiones de Fidel Castro, cuyo impacto internacional las ha situado desde el 2007 en la portada de los principales medios de información del mundo, combinan el acercamiento crítico al acontecer actual, con la memoria de uno de los mayores ideólogos revolucionarios de todos los tiempos.

321 páginas, 2010, ISBN 978-1-921438-71-4

PROCESOS REVOLUCIONARIOS EN AMÉRICA LATINA
Alberto Prieto

Una inspiradora travesía por la historia de los procesos revolucionarios de América Latina iluminada por Túpac Amaru, Hidalgo, Martí, Bolívar, Miranda y San Martín, Mariátegui, Sandino y el Che. Las insurrecciones y revueltas en el siglo XVIII, la avalancha independentista, las transformaciones democráticas y antiimperialistas, el influjo de la Revolución Cubana, el Sandinismo y el nuevo auge revolucionario y democrático en nuestra región quedan registrados en sus páginas.

360 páginas, 2009, ISBN 978-1-921438-26-4

DE VALENCIA A BAGDAD
Los intelectuales y la defensa de la humanidad
Eliades Acosta

A partir de un análisis sobre el surgimiento del fascismo durante la década de los años treinta en Europa, se presenta a sobresalientes intelectuales y artistas que han sostenido una combativa oposición al conservadurismo y el neo-conservadurismo de hoy. Se acerca a las experiencias de García Lorca, Pablo Neruda, Hugo Chávez, entre otros.

288 páginas, 2006, ISBN 978-1-920888-80-0

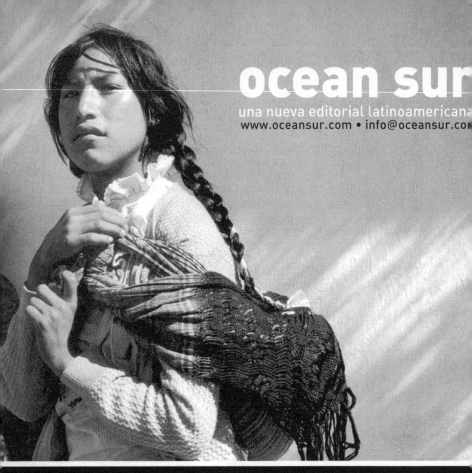

ocean sur

una nueva editorial latinoamericana

www.oceansur.com • info@oceansur.com

Ocean Sur es una casa editorial latinoamericana que ofrece a sus lectores las voces del pensamiento revolucionario de América Latina de todos los tiempos. Inspirada en la diversidad étnica, cultural y de género, las luchas por la soberanía nacional y el espíritu antiimperialista, ha desarrollado durante cinco años múltiples líneas editoriales que divulgan las reivindicaciones y los proyectos de transformación social de Nuestra América.

Nuestro catálogo de publicaciones abarca textos sobre la teoría política y filosófica de la izquierda, la historia de nuestros pueblos, la trayectoria de los movimientos sociales y la coyuntura política internacional.

El público lector puede acceder a un amplio repertorio de libros y folletos que forman parte de colecciones como el Proyecto Editorial Che Guevara, Fidel Castro, Revolución Cubana, Contexto Latinoamericano, Biblioteca Marxista, Vidas Rebeldes, Historias desde abajo, Roque Dalton, Voces del Sur, La otra historia de América Latina y Pensamiento Socialista, que promueven el debate